我與江霞公
太史父女

汪希文回憶錄

汪希文 著
蔡登山 編

【導讀】汪希文及其岳父江孔殷（霞公）二三事

蔡登山

汪精衛的父親汪琡，字省齋，籍貫浙江山陰（今紹興），後外出遊幕，由海道到廣東番禺（今廣州），從此便寄籍其地。汪琡元配為盧氏，生有一子三女，子名兆鏞（字伯序，一八六一至一九三九）；一八七一年盧氏病歿，汪琡續娶廣東人吳氏，吳氏先育有三女，而後才生下兆鋐（字仲器，一八七八至一九〇三）、兆鈞（字叔和，一八七九至一九〇一）、兆銘（字季新，一八八三至一九四四）三子。「伯仲叔季」，汪精衛在四位兄弟中排行最末，而且是庶出的。

汪兆鏞幼聰慧，十歲能詩，年十八侍從父穀庵先生讀書隨山館，致力於經史古文詞。舉學海堂專課生，為東塾先生陳蘭甫之高足。與同邑梁鼎芬、陶邵學等遊，學益進。光緒六年補縣學生，十一年以優行貢成均。考用知縣。十五年舉於鄉，兩應禮部試不售，遂南歸，以刑名之學遊於州縣幕者有年。汪兆鏞長汪精衛二十二歲，汪精衛出生時，其父已六十二歲，但因食指浩繁，仍得奔走為幕。汪兆鏞為減輕父親的負擔，身為長子的他，對九位弟妹極為照顧，尤其是三位弟弟的課業更加注重，他扮演著「長兄如父」般地教之、養之。我們看汪兆鏞的《微尚老人自訂年譜》中說光緒十七年「余趨侍府君四會縣幕，命課仲、叔、季讀書」，光緒十九年又有「一省府君，並教授叔、季弟讀書」之句。光緒二十二年十三歲的汪精衛喪母；次年又喪父。再次年汪兆鏞到樂昌辦理鹽務，《年譜》中說：「二十四年戊戌，三十八歲，二月赴樂昌，仲弟留省教讀，叔弟留省學幕，余挈季弟、六妹、妻兒一同首途。」他特別將汪精衛帶在身邊，就近照顧。汪精衛在樂昌時，「從番禺章梅軒（琮）讀，致力文史經世之學」，其中章梅軒即是汪兆鈞的岳丈。汪精衛在樂昌這幾年，「學業獲得不少進步，長兄如父，家教嚴得近乎苛刻，汪背後雖有微言，但成年後還是很感激他的大哥兆鏞對他的教育和關懷」。光緒二十七年（一九〇一），汪兆鏞的「叔弟」——兆鈞不幸遘疾遽歿，終年二十三歲。而光緒二十九年（一九〇三），他的「仲弟」——兆鋐甫以縣試第一，補縣學生，但過沒幾天，卻染疫去世，年僅二十六歲。汪兆鏞至此雁行折翼，兄弟之間只剩汪精衛一人。

汪希文，號子申，是汪兆鏞之子，汪精衛的胞姪。汪希文生於光緒十六年九月初六日（一八九〇年十月十九日），只比汪精衛小七歲而已。汪希文和劉紀文兩人，同年同月同日生，只是不同時。汪希文是國民黨元老古應芬的高足，而劉紀文則是古應芬的女婿，當時已訂婚，但未過門而古婉儀卻香消玉殞，惟劉紀文始終視古氏如父。汪劉兩人因古應芬而早認識，到民國六年，護法之役，孫中山在粵稱大元帥，劉紀文在大本營財政部為簽事（唐紹儀、廖仲凱分任部長、次長），汪希文則在內政部為簽事（居正、葉夏聲分任部長、次長）。兩人更加晨夕相見，北伐以前，彼此皆浮沉於宦海，不能說是得意。民國十六年，劉紀文一躍成為南京特別市市長，從此飛黃騰達矣，及後又出任廣州市長凡四年，可稱既富且貴。而汪希文在抗戰前，不過曾任廣東番禺縣長，後來任國民政府財政部簡任秘書、汪偽政府時任行政院參事，外放浙江省政府委員，兼糧食局長，又調社會福利局局長，再調浙江省第四行政區行政督察專員兼區保安司令，論官階不過簡任一級。

說到汪希文外放浙江省政府委員，兼糧食局長，是民國三十一年汪精衛遣其返紹興掃墓，道經杭州，浙江省長傅式說設筵為之洗塵，席間詢問他在行政院擔任何工作，汪希文答稱核閱財政、實業、糧食三部之公事。傅式說乃邀其擔任浙江糧食局長，汪希文婉謝道：「你的好意，自當感謝，但我此次係奉命返紹興掃墓，倘省署於此時提出此事，家叔可能誤會我來鑽營做官，實有不便，請你另請他人吧！」翌日傅式說竟電呈南京行政院，請任命汪希文為浙江省政府委員，兼糧食局長。汪精衛接電後，乃徵詢行政院秘書長陳春圃意見。陳春圃答道：「部方與省方鬧意見，歷兩月而無法委出浙省糧食局長，以致影響民食，若由行政院內銓選人員出任，倒是折衷的辦法，今既由傅省長呈請，似可照准。」於是，遂提出行政院會議通過，由汪府任命。

汪希文曾婚金氏，民國十七年春，適喪其偶。悼亡後六年，也就是民國二十三年，才續娶江孔殷之十一女江畹徵（江孔殷有子女十八人之多，排行十一、十二是女兒畹徵、畹貽，餘皆為兒子）為繼室，當時汪希文已四十五歲，而江畹徵為二十九歲，汪希文說：「畹徵是江霞公（孔殷）太史之長女，家學淵源，受業於名孝廉馮侗若之門，學寫花卉於老畫家李鳳公。她能詩、能文、能畫。年二十九，始嫁筆者為繼室，其才華遠在筆者之上。記得她允許筆者求婚時，口占一詩為答云：『無限柔情無盡才，逸人風韻久名開。汪郎縱獲盈車果，不是知音也不來。』其風趣如此。」兩人結褵僅一年有餘，江畹徵不幸患淋巴癌，不治逝世，汪希文再見鼓盆之痛。

江孔殷（一八六四至一九五一），字少荃，廣東南海人。年少時好動，終日如蝦之跳動，人稱江蝦，他索性以「霞公」為別號，取「霞」字與「蝦」字諧音之故。霞公的先世以業茶起家發財，其父江清泉是上海的大茶葉商，綽號江百萬。到光緒九年他入學（俗稱中秀才）後，家道已中落。霞公年少時讀書不很用功，但聰敏過人，詩詞歌賦、詩鐘對聯這種表面學問，他都能來一手，也寫得一手很好的八股文，二十多歲在廣州文壇中便有「作手」之稱。遺憾的是，他連考三次舉人都名落孫山，八股作手大失威風，常自問：「難道我的文章不如人嗎？要不然，就是命中沒有孝廉公這份福氣了。」一到光緒十九年又是鄉試之期，他於是以重金禮聘一個「槍手」，替他入場考試。本是作手，竟然要請槍手，而照理他應該躲起來，不要露面，但自己又覺技癢，又以低廉的代價，替別人入場做槍手。據掌故大家高伯雨查得的資料，這一科中的名人頗不少，大名鼎鼎的康祖詒（有為）獲雋，梁士詒之父保三亦中式，江孔殷中了，而他替李翹芬做槍手也中了。霞公興高采烈，大喜過望，立即命筆作一聯以自炫云：

作手請槍，要瞞人非為好漢；
闊佬響炮，過得海便是神仙！

「響炮」是科舉時代替人當槍手而獲中式的術語。霞公既是作手卻當槍手，既是闊佬（有錢人，他們大都不通文墨），卻又能中式，真是足以自豪的。

又經十餘年，霞公中光緒三十年甲辰科二甲第二十七名進士（汪希文的文章稱光緒二十九年，不確），是晚清最後一屆科舉進士，曾進翰林院，故又被稱為江太史。他點了庶吉士，回到廣州助兩廣總都岑春煊辦新式學堂，利用貢院舊址闢為兩廣優級師範（後來改高等師範，又再改廣東大學，進而改中山大學），封閉長壽寺，沒收寺產以充經費，霞公辦理此事相當出力，經地方大吏奏請，不必散館，即授職翰林院編修。後又斥資報捐江蘇候補道，但尚未補缺而清朝已滅亡了。

迨辛亥革命，霞公便趁早見風駛舵，首先剪去辮髮，附和革命排滿，他不過是想做民國官，不意胡漢民接任廣東督都之後，對霞公一直不甚重視，倘若他有所請託，多為胡漢民所拒。陳炯明是惠州客籍人，於廣州紳士的來龍去脈不甚清楚，眼見霞公才氣縱橫，似乎是能文能武，廣州河南同德里的太史第，平常裡都是「座上客常滿，樽中酒不空」的，因此陳炯明獨能給霞公以青眼，於是，陳炯明與霞公便深相結納起來。袁世凱的總統府秘書長梁士詒，是前清光緒甲午年翰林，江霞公是光緒甲辰年翰林，在昔時同稱為金馬玉堂人客，又是廣東同鄉，前輩與後輩，前清時在北京聚首，自然是頗為親熱，有其傳統友誼。

霞公因不滿胡漢民未能與之合作，無利可圖，且窺知陳炯明的心事，未能忘情於廣東督都的寶座。據說，乃於某夜特密約陳炯明到他的太史第密談，霞公表示他與梁士詒有舊交，可到北京一行，幫陳炯明除去胡漢民，並由陳接任廣東督都。陳炯明聽畢，認為正合孤意，乃贈送程儀巨萬，作為霞公赴北京活動的旅費。霞公向以長於交際，又是老於世故之人，見了袁世凱，自然說得頭頭是道，袁世凱自然十分高興，面囑梁士詒妥為招待。梁士詒當時曾對霞公表示，北京政府對於全國各省之決策，必須軍民分治，督都只管軍政，另設民政長管理民政，謂霞公如能使陳炯明確實擁護北京政府，當內定以霞公為廣東省民政長，霞公亦喜不自勝，乃居留北京，靜候佳音。

其時宋教仁在滬被刺一案，事態逐漸擴大，北京政府與國民黨之間，雙方劍拔弩張，東南四省督都，相繼發出通電，與國會議員相呼應，反對袁世凱對外大借款，聲勢咄咄逼人。袁世凱惱羞成怒，乃於民國二年夏秋間，先後免去江蘇督都程德全、安徽督都柏文蔚、江西督都李烈均、廣東督都胡漢民等東南四省督都之職。特任陳炯明為廣東督都。不久，李烈均在江西湖口豎起討袁之旗，汪精衛受黃興之委託，由上海南下，要督促陳炯明在廣東獨立，加入討袁陣線。陳炯明本是個充滿私心之人，他的本心是想靠著袁世凱，做其南天王的，此時勸他獨立討袁，當然不是他所樂聞之事。因此汪精衛此行特邀朱執信同往，汪精衛是黨中的先進，朱執信又是陳炯明的師尊，素為陳所敬畏的，汪、朱兩人合力，憑其三寸不爛之舌，一夜之間，卒將陳炯明說服。

陳炯明發出通電討袁，此時最難堪的，是居留在北京的江霞公了。袁世凱傳江霞公入總統府問話，聲色俱厲，連梁士詒也愛莫能助。幸而霞公究竟是聰明人，能言善道，他辯道：「人人都能生兒子，但不能生兒子的心肝，陳炯明如此反覆，是意料所不及，孔殷不謹慎之罪，蓋無可辭。」袁世凱尚有怒容，梁士詒代為緩頰，霞公乃辭出，就此買棹南歸，他的廣東民政長之美夢，就此破碎，這回是陳炯明拖累霞公不淺。

民國四年，霞公受聘出任英美煙草公司南中國總代理，與南洋兄弟煙草公司激烈商戰。南洋兄弟煙草公司是南海人簡照南、簡玉階兄弟創辦的。霞公指南洋煙草是日本人的資本，以入日本籍的簡照南出面經營，這在當時日本政府向中國施壓，強逼袁世凱簽署二十一條，導致全國反日，並抵制日貨的期間，無疑地是奏效了。結果南洋煙草的生意一落千丈，而英美煙草公司的煙就銷路大增。據高伯雨文中說霞公每年有二十萬元入息，也有人說不只此數。但只看他那種揮金如土的手段，就知他撈到「風生水起，盤滿砵滿」了。

一九三〇年，霞公返居廣州，於郊區蘿崗洞租得官荒地一千餘畝創辦江蘭齋農場和蜂場，改良水果品種、引進國外良種蜜蜂，得蘿崗橙、黑荔枝及黃金蜂蜜等良種，至今享譽於世。他的妾侍蕊馨、五子譽桂、十一女畹徵分別在農場任總管、技師等職位，成為名副其實的家族實業。並興辦南崗至蘿崗圩的小軌鐵路、興修水利，耗盡資財。直到一九三八年，廣州淪陷，霞公舉家逃難到香港，江蘭齋農場也停辦了。

與霞公同在香港的高伯雨說道：「江蝦在香港避難時，生活仍然多采多姿，因為他是大名流，交遊滿天下，慕虛榮的人都趕著和他相識。有什麼慶典、雅集，人們都請他參加，往往把他和張一麐安排在上座，以『德高望重』論。記得是中國文化協進會有一次不知開什麼會議，他應人家之請站起來講話，講話的內容已經忘記了，只記得他把他的女婿汪希文大罵了一頓，罵汪希文既然要請他去投奔汪精衛，為什麼不把你死了的老子搬去南京安葬云云。（汪希文的父親汪兆鏞，死於一九三九年九月十一日，他是汪精衛的長兄。）同桌某君低聲對我說，江蝦罵女婿『正義凜然』，重慶方面已贈他港幣一萬元，聊可卒歲矣。」

一九四二年年底，霞公回廣州的太史第。抗戰勝利後，他在廣州還是安然無恙，只是年歲已大，又患了偏枯之病，當然沒有從前的豪氣。一九四九年以後，霞公仍居廣州太史第，初時沒有人注意到他，一九五一年佛誕日農曆四月初八，於廣州六榕寺失足，由是癱瘓，入荔灣區黎鐸醫院。是年廣東土改，南海農民追索「逃亡地主」，至醫院強行以籮筐抬返鄉裡，準備對其進行批鬥，霞公瞑目不語，一度絕食，歷四十一日而終。

江霞公之十三子江譽鏐（一九〇九至一九八四），又名江譽球，別字江楓，藝名南海十三郎。早年就讀廣州河南南武中學，因頑皮鬧事而被逐出校。在香港大學習醫時，為愛情而中途離港追隨女友到上海，適逢「一．二八」事變而不能回港，無法完成學業。他是三十年代名馳省港的年輕編劇家，為粵劇紅伶薛覺先編寫了《心聲淚影》，名噪一時。他的代表作還有《女兒香》、《燕歸人未還》、《李香君》、《幽香冷處濃》、《璇宮豔史》等。南海十三郎恃才傲物，創做事業如日方中時，卻遭逢愛情和事業的打擊，生活潦倒，更因神智失常，被送入精神病院，晚年四處流浪，最後一九八四年在青山醫院病逝。他的生平事蹟廣為流傳，最初被杜國威改編成為舞臺劇，並在香港主演，由謝君豪飾演。由於這套舞臺劇非常受歡迎，所以後來被改編成為電影，由相同的演員擔綱演出。後來再改編成為電視劇，於亞洲電視播映，並由林韋辰扮演。三種不同的影劇對他的生平有不同的演繹，亦帶給觀眾南海十三郎的不同面貌。

汪希文晚年流落香港，他也是命理學家，於當時的術數界頗負盛名。紫微斗數可說是混合了天文學、地理學、數學、統計學以及論理學，參考普通的常識再加上長時間的體驗而成的一種學問。它設計的原理便是利用天上的北斗星群（屬陰，主星為紫微）、南斗星群（屬陽，主星為天府）、紫微垣群星及其他的雜星為經，以先天八卦化合在後天八卦之內，配合以納音五行為緯，定局布星，用以預測人一生的際遇與禍福；利用一個人出生的年月日時當時群星的相對應位置，來研究它們相互間的感應關係，進而推斷出人生旅途上的種種事件，以達趨吉避凶的最終目的。汪希文於遲暮之年，而尤需賣文為活；以他的詩書傳家，竟效君平賣卜，我們可以體味到他晚景的孤寂淒涼，與生活的清苦艱窘。

一九五九年十二月三十日汪希文在香港《天文臺報》發表〈紀文已死吾猶生〉一文，記錄了自己的命造。他說：「我今年七十歲，現仍行癸巳運，今年太歲是己亥，己亥與癸巳，是天剋地沖，老早我認為今年該死，但不過四季多病而已，是否臘月可以壽終正寢，只有『天曉得』！幸而乃是太歲剋沖大運，不是大運犯太歲，災咎可望減輕，如能交到明年農曆正月立春節，則以後尚有四年好運，或者因我文字債欠得太多，上天要我還清債務，不容我早日息勞也。書至此，不能無感，因口占兩句云：『海濱寄跡苦岑寂，猶是塵勞未了身』可慨也哉！」四十六天後，也就是一九六〇年二月十五日，他服安眠藥自殺於香港沙田萬佛寺。據他四兄說：「舍弟重要心理有二：一、篤信命理，以為今年必死，與其受病痛之纏綿，不如早求解脫。二、有自尊心。不欲啟齒求人，不欲累及親朋。以此兩點交織於心，故有此項處置。」

目次

第一章 袁世凱、汪精衛一段因緣

袁世凱仕於前清，歷官北洋大臣、直隸省總督、外務部尚書、軍機大臣、湖廣總督、內閣總理大臣、錫封侯爵，可稱位極人臣。一生大富大貴，紅得發紫，他與革命黨人，可說是絕無淵源。不特無淵源，且平日立於敵對地位，若拿著革命黨人，立即殺無赦。辛亥年以前，他與國父孫先生，更無絲毫淵源之可言，尤其談不到「感情」兩個字。

革命黨中之要人，第一個和袁氏相見而訂交做朋友的，乃是汪精衛。袁、汪兩人而且是相當要好的朋友，自始至終，融洽無間，此中內情，知道的人，當然不多。

袁、汪之能最先訂交為友，這是佛家之所謂「緣」，也是天時、地利之所注定。汪精衛於宣統二年庚戌三月，圖謀刺滿清的攝政王，被逮入獄，那時袁世凱方被休致，放逐回籍。迄辛亥武昌起義，各省義師風起雲湧，清廷為和緩民心起見，接納兩廣總督張鳴岐之電奏，特旨開釋汪氏，恢復其自由，同時起用袁世凱為兩湖總督，尋授為內閣總理大臣，於是袁汪會面之機會來臨了。

一、陳璧君建議，鑄造大鐵罐

未寫袁、汪訂交事實之前，擬略敘汪氏行刺攝政王的經過，俾讀者可知其來龍與去脈：宣統元年之冬，汪精衛（時年二十七歲）與革命同志黃復生、喻雲紀、黎仲實、陳璧君、方君瑛、曾醒等（曾仲鳴之姊），聯翩入北京，在太平橋開設「守真照相館」，以為遮掩外間耳目之用。復在東北園賃屋數楹，以為祕密機關，製造炸藥。

先是，聞報攝政王之弟，洵貝勒與濤貝勒，由歐洲考察回國，精衛即曾親攜鐵壺盛載炸藥，潛赴火車站，企圖炸擊之。等候竟日，見無數紅頂花翎之人同行，未能辨別誰為貝勒（貝勒相當於王公之間），結果悵然而返。

陳璧君當時曾建議，以小鐵壺所載炸藥不多，爆炸力太小，乃議另鑄可盛五十磅重之鐵罐，滿載炸藥，方可炸死許多滿人。眾以為然，乃在北京騾馬市大街鴻太永銅鐵號訂鑄一個大鐵罐，鑄好送到守真照相館。

二、犬吠銀錠橋，汪精衛被捕

精衛查勘得十剎海旁之銀錠橋，密邇攝政王府，為攝政王出入必經之地，倘在橋下施炸，則攝政王以次，悉可炸斃。二月下旬某夜，先由黃復生、喻雲紀兩人潛往橋下掘孔，將五十磅之鐵罐，滿載炸藥，埋藏橋下。正工作間，因有犬吠聲，發覺橋上已有人窺伺，黃、喻二人急即走避。在遠方望見有一人持小燈籠下橋察看，移時始去。俄而此人走去官府報案，事遂敗露！精衛等見此情形，倉皇奔回東北園，擬俟機會再舉。

民政部偵探局將滿載炸藥之大鐵罐起出，驗明有「騾馬市大街鴻太永字號所製」字樣，遂傳訊鴻太永店東，嚴加盤訊，供出是守真照相館所訂製的，乃於三月初七日派差役到守真照相館，將黃復生拘去。又押同守真館之工役，引路至東北園，亦將汪精衛逮捕，其餘各人，適外出得免。自從京中發現此案，不特朝野震驚，海內外亦為之震動矣。

三、汪、黃爭罪名，肅親王憐才

旋由民政部尚書肅親王善耆，親自審訊。汪承認一切是自己個人計畫，不關黃復生之事，請勿拖累黃君；黃亦自承是自己所為，不關汪之事。二人互爭罪名，兩不相下。肅王對汪、黃之舉動，更大感奇異。訊問汪氏時，因言語不甚通，汪索紙筆自寫供狀，不假思索，伏地疾書，成洋洋萬餘言；寫完一紙，又索一紙，凡添索紙十餘次，始畢其詞。

肅王親自取閱，見其不特字跡韶秀、文筆痛快淋漓，且所言皆是關於政治革命問題，表現出一片憂國愛民之心，對於防範國際瓜分之禍，言之尤切。全文雖甚長，居然一氣貫注，甚少竄改。肅王讀畢，愈為吃驚，嘆為難得之人才，語其幕僚曰：「昔日武則天看見駱賓王所撰討武檄文，嘆曰：『如此人才，使其不遇，宰相之過也。』今觀汪之才，余有同感焉！」肅王竟動憐才之念，不忍加誅。

四、身在縲絏中，吟詩多佳句

法部尚書滿洲人紹昌，認為汪等大逆不道，應立即處斬，以警效尤；並表示此案應送大理院依法裁判。肅親王則謂：他們不過是「未遂罪」，依照律例，應該從輕發落。兩部的尚書意見相左，相持難下（尚書等於近代的部長）。於是，肅王奏請聽旨定奪。三月二十日內閣奉上諭：「汪兆銘、黃復生著發交法部永遠監禁，欽此。」

汪、黃由民政部移送法部監獄後，紹昌心不能平，對彼等頗為苛待。肅王聞訊，特地親到獄中，溫顏與精衛晤談，謂：「吾讀君等所辦《民報》，鼓吹排滿，余以為不無偏見。今天下一統於大清，五族一家，何必分彼此？我勸君等宜改善胸襟，忠於皇室，共同努力，以謀國家之富強，豈非事半功倍乎？」

精衛答曰：「吾黨宗旨，已盡見之於《民報》，三軍可以奪帥，匹夫不可以奪志也。」

肅王伸其拇指曰：「君到了生死關頭，依然如此，真丈夫也！殊為可敬，獄中設備不周，尚祈鑑諒，如有所需，可逕函相告。」

時天色將暮，肅王猶絮絮不休，大有相見恨晚之意。臨行，以「王爺」意旨，面諭典獄官改善汪等待遇，珍重而別。從此精衛可以在獄中讀書寫字及吟詩，受到種種優待。

五、易水今猶昨，楓林是也非

精衛在拘留期間，自以為必死，賦詩云：

慷慨歌燕市，從容作楚囚。
引刀成一快，不負少年頭。

此詩傳誦海內，人多知之。判罪入獄後，又有詩寄胡漢民及陳璧君云：

落葉空庭夜籟微，故人夢裡兩依依。
風蕭易水今猶昨，魂度楓林是也非。
入地相逢雖不愧，擘山無路欲何歸。
記從共灑新亭淚，忍使啼痕又滿衣。

詩由獄卒得賞資而暗中傳遞與陳璧君，璧君轉寄至香港機關部，革命諸同志讀之，咸為淚下。黃克強（興）、趙伯先（聲），尤為泣不成聲，甚至仰天大哭。

寫至此，精衛之入獄，筆者卻認為要歸罪於陳璧君了。因為訂製可載五十磅炸藥之鐵罐，是由她提議的；罐內鑄有「鴻太永」字樣，又未有磨去，更為疏忽之尤！諺云：「無冤不成夫婦。」大約精衛前生害過璧君，所以今生她來報仇雪恨，也未可知！

精衛後來的下半世，璧君慫恿他對日主和，在河內遇刺後，精衛本欲到法國巴黎做小休，璧君又強迫他組府還都。總之，她的所作所為，可說是要危害丈夫到底為止，豈非前生冤孽而何呢？可憐一個文謅謅的汪氏，結果真的是給璧君氣死的。就是璧君自己親生的兒女，事後都有此感覺，替其父抱不平。

六、奉旨獲開釋，下榻泰安棧

言歸正傳，話要說回頭：宣統三年中秋後，武昌起義，旬日之間，東南各省，相繼獨立。資政院議員易宗夔、直隸省諮議局議員孫洪伊，先後提議請政府釋放政治犯，解除黨禁（資政院等如參議院，諮議局等如省議會，直隸省即今之河北省）；兩廣總督張鳴岐，亦專電奏請開釋汪兆銘。

到了是年九月十六日，法部奉上諭：「汪兆銘、黃復生均著開釋，發往廣東，交張鳴岐差委，欽此。」

此時的司法大臣紹昌，不敢不欽遵辦理了。是日上午九時，法部提牢官，以汪、黃為奉旨提釋之人，特予優禮，迎汪、黃至典獄司的官廳，彼此相對三揖，相當客氣，送出部門。夫以行刺皇帝之父而入獄的重囚，未滿兩年，忽又奉旨開釋，此是歷史上破天荒之舉，當時在北京的人士，及法部的員司工役，群集於法部大門，瞻看汪、黃的顏色者，凡千餘人，一時途為之塞。

法部有京官張伯楨者，為粵之東莞人，從前與精衛同學於日本，但他是康、梁之徒，隸保皇黨籍（即今之民社黨前身），與精衛有友誼而非同志，至是，念同鄉同學之誼，雇車親送精衛至騾馬市大街，投宿於廣東人所設之泰安棧，暫作居停焉。

七、起用袁世凱，組責任內閣

寫完汪精衛的出獄，便輪到寫袁世凱的出山了：袁氏於光緒三十四年之冬，已奉旨開缺回籍，返河南之洹上，賦詩見志，著有《圭塘唱和集》。他雖然在野，但他在小站練兵有年，北洋的統兵將官，如段祺瑞、馮國璋、王士珍等，均是其多年的舊部，老袁仍能控制著他們的。

武昌起義，是在辛亥農曆八月十九日。清廷於八月二十三日發出上諭，起用袁世凱為湖廣總督。老袁以事前全無準備，態度保持沉著，未有表示出山之意。九月初五日，又發出上諭，授老袁為欽差大臣，節制海陸各軍。九月十一日再發出上諭，以老袁為內閣總理大臣，命其組織責任內閣。

八、汪與袁克定祕密赴洹上

汪精衛於九月十六日出獄時，袁世凱仍在河南原籍，未有到京。但老袁有親筆信致其最親信之梁士詒，函中大意云：「南方軍事尚易應付，北京政治，頭緒棼如，正賴足下居中策畫，請與唐少川預為布置」云云（詳見《梁士詒年譜》）。梁氏接受了老袁之委託，乃著手活動；他是精衛之長兄的鄉榜同年（即先君子、諱兆鏞），以年誼、鄉誼的關係，特赴泰安棧訪候精衛，交換國事意見。

那時南北兩方面的形勢是這樣的：清廷的親貴，有如塚中枯骨，尸居餘氣，毫無振作能為，唯盼望袁氏出山，為之撐腰；南方革命黨則希望利用袁氏擁有之兵力，推倒滿清；老袁亦思利用革命黨的聲勢，壓迫清帝退位。兩方面利害的趨勢相同。剛剛汪精衛此時出了獄，居留在北京，汪遂成為老袁與革命黨合作最適當的橋樑。經過汪、梁往返熟商多次，袁世凱的長子克定，亦在北京，精衛遂與克定祕密到洹上，與袁世凱把晤。故精衛實在是革命黨員與袁訂交之第一人，這是天時、地利所湊合的。

九、袁汪初會晤便做長夜談

言歸正傳，要寫袁世凱與汪精衛會晤的情形了。查宣統三年（一九一一）袁世凱是五十三歲，汪精衛是二十九歲，相差有二十四年，但袁世凱之長子克定，年齡則與汪精衛差不多，不論何人年長，大約不會超過一歲或兩歲。精衛與克定，經過梁士詒之介紹，兩人很談得來。克定將這事稟告其父，世凱函命其子偕汪同到洹上相晤。行時極守祕密，外間絕無人知。據精衛先生事後對筆者談及，他初次到洹上與袁相見，他伸開右手，是準備與袁握手為禮，不意袁氏不慣如此，卻笑著向精衛深深做了一揖，精衛還以一揖，分賓主而坐。袁謂：「素來仰慕閣下是海內大文豪，今獲相見，深感欣幸。」繼稱：「銀錠橋的壯舉，可與漢朝開國功臣張良博浪之一擊，後先媲美。」高帽送完一頂，又送一頂。此時的袁世凱，似已企圖自己做開國皇帝，而望汪精衛做他的張良了。

袁、汪兩人話匣打開，誠如上文第一節所敘，革命黨人希望利用老袁擁有的兵力，推倒滿清；老袁亦想利用革命軍的聲勢，裡應外合，壓迫清帝退位。利害趨勢相同，兩人意見甚為投機。是夜汪氏宿於洹上，與老袁深談至四鼓方就寢，侍坐者僅袁克定一人。翌晨起來，袁、汪互訂合作密約，老袁仍命克定伴送精衛祕密回北京。臨行，老袁寫一封親筆信與財神梁士詒，囑令籌款十萬元，作為程儀，贈與汪精衛。梁士詒遵照辦理，如數送到。

十、程儀十萬元，退還九萬九

汪精衛是窮秀才出身，一生未見過如此厚禮的，不免大吃一驚，自以為非義之財，萬難接受，堅不肯要。梁士詒曰：「閣下在北京剛剛恢復自由，離家萬里，身邊豈能無錢？就是赴天津、上海斡旋國事，亦非財不可。此是袁宮保的美意（袁世凱此時是太子少保銜頭，故稱『宮保』），何必客氣！」經過梁氏再三言之，此時的汪精衛先生，的的確確是五行欠水的，乃不得已，只允接受大洋一千元，璧還了九萬九千元。精衛以再無居留北京之必要，身上有「水」千金，遂離北京到天津去。

那時天津是有外國租界的，革命黨人皆匿居於租界。精衛則公開寓居於租界內之旅館，對外間揚言，擬在天津籌辦報館，以為掩飾；暗中則替南方革命軍政府與袁世凱通消息，交換國事意見。袁克定往來於京、津之間，傳達情報。

汪精衛是宣統三年九月十六日出獄的，旋即赴洹上會晤袁世凱。兩人訂交合作，共圖推倒滿清政府。袁氏把握了這一著棋子，大喜；知道事有可為，於九月二十三日由洹上赴京師，就任清廷所委內閣總理大臣，組織責任內閣，大權獨攬。

十一、幕後苦折衝，南北告統一

汪精衛在天津，暗中派遣同志赴上海，將會晤袁世凱的經過，祕密通知革命黨諸同志。時在農曆十月，國父孫先生尚在歐洲，未曾返抵國門，一切革命大計，皆由黃克強將軍（興）主持。克強極贊成精衛的活動，願與袁世凱呼應合作。南北雙方，遂有了默契。北軍馮國璋曾率重兵南下，攻陷漢陽與漢口，渡江便是武昌。湖北都督黎元洪大懼，計畫撤退至岳州。黃克強乃電責精衛，質詢袁氏。汪精衛接電後，立即囑袁克定告知老袁，急令馮國璋停止再進攻，否則取消合作之約。老袁立予接受，馮國璋之北軍，與武昌革命軍，隔江停戰，於是發動南北和議。

辛亥農曆十一月，國父偕同胡漢民等到南京。國父於農曆十一月十三日（即陽曆一月一日）在南京就任臨時大總統，改正朔為中華民國元年。國父關於國事之大計，與黃克強、汪精衛意見相同，表示袁氏如能使清帝退位，讓出政權，建立民國，即讓大總統寶座與袁。

於是，南北兩方，繼續舉行和平統一會議，南北各派代表五人，北方以唐紹儀為首席，南方以伍廷芳為首席，在上海租界開會議。中間經過許多曲折，幾次瀕於破裂邊緣，汪精衛在幕後苦心斡旋，傳達及折衝孫、袁兩巨頭之意旨。幸而兩巨頭均能容納汪氏的折衝，和議終底於成。清帝退位，南北統一，國父實踐諾言，讓大總統位與袁。

十二、汪氏無意做最年輕總理

袁世凱取得大總統之寶座，甚感汪精衛斡旋之力。迨北京統一政府成立，汪氏將出京南下，向袁告辭，袁率全體閣員為之餞別。

席間，袁詢汪曰：「你尚有什麼事擔心呢？」

汪答曰：「局面已經大定，有你在，萬事可放心，此時只係擔心你死而已。」

袁聞言，初頗愕然，嗣細心一想，轉而竊喜曰：「你的話不錯，此時我真是不能死，沒了我，一切都要瓦解了。」

大家聞言，為之舉杯一笑。汪的說話，表面上不免來得突兀，似乎不祥，骨子裡很幽默，是恭維老袁到了不得了。那時汪精衛發出的口號，乃是「非袁莫屬」。

汪氏南歸，袁世凱再厚贈以程儀，並發布明令，特授汪氏以勳二位。

南北統一政府成立之初，袁氏任用唐紹儀為國務總理，唐氏就任僅兩閱月，與袁鬧意見而辭職。時在民元之六月，汪已由海道至滬，溯長江到武昌，訪晤副總統黎元洪。此時袁致電與黎，託其徵汪同意，出而組閣，此自是袁對汪的好意。那時汪僅三十歲，與夫人陳璧君新婚燕爾，自以為年輕，未有政治經驗，又怕與北洋的官僚集團打交道，無意出山。當然夫人陳璧君亦不同意，乃電覆袁氏辭謝。

及今思之，汪氏這一著棋子是錯的。孫、袁之所以能合作，肇造中華民國，汪實為居間之橋樑。孫、袁兩巨頭，此時均與汪有好感，汪若肯繼唐紹儀之後組閣，運用其調和鼎鼐的手腕，或可望不致鬧出癸丑二次革命之變，延續內亂數十年，國脈受傷，真是無可補償！試觀後來國父赴北京晤袁，極為歡洽，國父極稱許袁氏之建設長才與政治經驗，聲稱需要袁氏肩任十年總統。可知國父初無倒袁之念，非無合作謀國之可能也。

十三、我國歷史上兩個失敗者

民元六月，汪氏既不肯組閣，袁只得以外長陸徵祥兼代國務總理。從此，僉壬競進，挑撥離間，袁氏與國民黨隔閡日深，釀成刺死宋教仁一案，兩方遂至破裂而不可收拾了。後二十年，汪氏始出任行政院長。既然終歸要出來負責任，何如早二十年出仕，比較更有意義，可望為國家造福呢！

民二，癸丑二次革命，南北戰爭復起。汪精衛曾致電袁氏，請其停止用兵，宋案請依法律解決。袁不納。二次革命失敗，汪偕夫人陳璧君赴法國讀書。民三至民四，國父在日本東京改組中華革命黨，汪精衛未有參加，故民二以後，袁政府對於國父及黃興以下諸黨人，皆下令通緝，而不及於汪氏。

民五，袁世凱稱帝，國事蜩螗，汪氏夫婦仍在法國，他雖不以帝制為然，但亦未有參加討袁的活動。袁死黎繼，國父電邀汪返國，始攜眷歸。故國民黨諸顯要之中，獨汪精衛與袁世凱之友誼，始終未有破裂，未有反過臉。相信筆者若不寫出來，後世當無人能記述的了。

袁世凱與汪精衛兩人，均是歷史上的失敗者，今皆已墓有宿草了。史遷作〈項王本紀〉，不因成敗論英雄。袁、汪兩位「老友記」，倘真有九原的話，兩人把晤，其唏噓為何如耶？

第二章　我與江霞公太史父女（一）

編者按：江霞公太史一生的逸聞趣事，實在太多，也實在值得一記，汪希文丈以江太史的乘龍快婿，而寫太史公的生平，其珍貴翔實、精彩動人之處，我想海內外讀者也必認為是沒話可說的了。

希文丈以六八高齡，隱居香島，居常很少寫文章，此次應《春秋》雜誌之請，在炎暑時節，允為揮汗撰文，特於篇首，先此致謝。

一、佛山絕食，富貴如浮雲

吾粵鼎鼎大名的江霞公太史（孔殷），一九四九年大陸變色時，不及逃避，仍隱居於廣州河南之同德里舊居。廣州中共當局當初對他尚能優容，翌年（一九五〇），南海縣佛山鄉公安派出所，以霞公是大地主身分，再加上「土豪劣紳」的罪名，派員到廣州，將他拘回佛山鄉間，予以清算及疲勞審問。霞公是年已經八十六歲，知不能免，絕食而死，迄今已經八閱寒暑了！

霞公太史在前清的功名，最體面的，算是翰林院編修。編修雖然不過是正七品的京官，但是相當名貴的，經過十載寒窗，由多次科場考試得來，稱為「金馬玉堂」人客，謂之通籍。清朝制度，必須入過翰林院的階段，方能拜相，登最高峰為大學士。那些雖然中了進士，而不能欽點翰林的，以及舉人以下出身的，最高只可以官至從一品的尚書為止，到老便須休致歸田，無入閣拜相之資格——翰林之可貴在此。霞公要戴紅頂，以後又用金錢報捐二品銜，江蘇候補道，這些虛榮，既是用錢捐來，未足為貴也。

霞公太史是吾粵一位特出的人傑，亦可稱「怪傑」，生平事蹟，膾炙人口，可歌可泣，實書不勝書。他的交遊甚廣，不論上、中、下流人物，他均能分別與之往還；上至本國的元首，下至蹭在街邊的乞兒頭人，與不為當日士林所齒之「優娼隸卒」，他均能蹭在地上與之縱談，屈伸皆能自如；甚至各江的「大天二」，亦與他做朋友，真非常人所能及。

不特廣東省各界人士，大多數認識他，即外省知名之士，與他亦多相識。民國初年到過北京，覲見大總統袁世凱，晚年與蔣介石總統更多往還，友邦人士聞其名而踵門領教，與之訂交者，不計其數。交遊之廣，甚難有出其右者。

壯歲有用世之志，相當熱中：清末，想做廣東水師提督；民二，又想做廣東省長。兩次均是功敗垂成，長才未展，人多惜之。其一生之輪廓，大致是這樣的。

二、營茶致富，號稱「江百萬」

這篇文章，不是我自動想寫的，乃是《春秋》半月刊的主持人姚勵頗兄所出的題目。姚兄知道霞公太史的長女畹徵小姐是我的愛妻，以為我必定清楚太史公的逸事，叮囑我寫此稿，一而再、再而三，友情難卻，有如箭在弦上，不得不發了。

俗語說得好：「一部《二十四史》，不知從何說起？」要寫霞公太史的逸事，和他與我的關係，及我與他的愛女畹徵小姐論婚的經過，問題豈非是二十四分的複雜嗎？及今回憶起來，數十年過去之事，一幕又一幕，乃至百數十幕，雖然尚能一一印在我的腦海，不會忘記，但頭緒棼如，從何處寫起？如何寫法？以鈍根的我，頗有無所措手足之感。姚兄出這一條題目，真難倒我了！我的個性，一生注重「然諾」的，既已答允寫，不能打「退堂鼓」的，正在繞室徬徨之際，無可奈何，想出一個寫法，便是想到哪裡，便寫哪裡，掛一漏萬，在所不免，讀者諒之。

太史姓江，名孔殷，字少荃，粵之南海人。年少時好動，終日如蝦之跳，時人給他之綽號曰「江蝦」。他遂另起別號曰「霞公」，其意取「霞」字與「蝦」字可以諧音。先世業茶致富，在同治、光緒年間，其尊人號稱「江百萬」。其時生活程度低，物價廉，有百萬家財者，可與今日億元港幣相比擬的了。何況霞公是兼祧其叔父後嗣的，承受兩份家財，其早年財富之巨，可以想見。

三、猴子轉世，額上留痂痕

霞公有高大的身軀，雄偉壯實，雙目炯炯有光，望之氣象萬千。且富有豪邁的性情，自言：未誕生之前，其太夫人夢見一巨猴，投入她的懷中，驚醒後，胎即作動；太夫人說他在胎中打了幾個觔斗，然後呱呱墮地——可知他在胎中已經是很跳皮的嬰孩了。初雇一乳媪撫育，斷乳後，仍留此乳媪為褓母。三歲時，這乳媪手持絞剪，正在剪裁衣服之際，矇朧中忽見一巨猴，撲至其身邊。乳媪大驚，立即以手上所持絞剪擲去，中其右額。審視之，原來不是猴，而是霞公。幸而尚非擊中要害，損傷額上外皮而已。故霞公右額之上角，終身有一痂痕。

其人身長，手亦特別長，右手能繞過頭腦之後，轉過面目之前，自摸其右耳，左手亦能如此摸其左耳。說者謂此亦猴子形的憑證。風鑑家則謂「縛臂猴」是這樣的。尚有一點，據動物學家之言，動物中以猴的性格為最淫，霞公體魄雄壯，不免「寡人好色」，除冶遊外，太史第中，排列金釵十二，自稱無虛夕，老尚風流，此亦是像猴之一端。霞公是猴子託生，不特他自己承認，擅長看相者，都是如此說，真可謂「不可思議」，要難倒科學家了。

四、闊佬響炮過海是神仙

霞公少年時，讀書並不很用功，所以他的學問也很尋常；但賦性則聰敏過人，每每可能不學而知。所為文章，開門見山，氣勢如長江大河，滔滔不絕；古文及駢體文，則非其所長了。吟詩是他的天才，作詩鐘亦出色；易實甫丈（順鼎，即名詩人易君左之父）素有「鐘王」之名，對他亦甚稱許。十九歲（癸未年）入邑庠，二十九歲中（癸巳科）舉人，三十九歲中（癸卯科）進士，翌年入翰林，逢「九」利在科場，亦一奇事。

霞公一生揮金如糞土，未中進士之前，在社會上有「闊舉人」之稱。他繼承父業，所有的乃是「金錢」，應考鄉試之時（即考舉人）出重資請著名槍手鄭玉山（名權）替他入場考試；而他自己亦技癢，亦以低廉的代價，替別人入場做槍手。是年鄉榜揭出，兩者皆中式，霞公大喜過望，擬一聯自炫云：

作手請槍，要瞞人非為好漢；
闊佬響炮，過得海便是神仙！

因不能文之人，然後請槍手；寒士乏財，然後出賣自己做槍手。霞公自命是作家而仍然請槍手，又是銀主反串做槍而能響炮（做槍手得中，名為「響炮」），兩樣皆屬難能可貴，左右逢源，真足以自豪。此是霞公二十九歲之時的快事，晚年與客人話及早年這件玩意，依然眉飛色舞，並不自諱，且自鳴得意，好像是中了「孖寶」一樣。

第三章 我與江霞公太史父女（二）

一、清末最後一科的進士

光緒二十九年，歲次癸卯，是大比之年，亦是清朝最後一科的會試，此後即廢去科舉制度，改辦學堂了。江家與汪家，本是通家之好，是年霞公與先伯父莘伯先生（兆銓）聯袂登程，北上應考。其時吾粵有所謂「闈姓」的賭博（相似於現在的賭馬與賭球），廣東姓汪的人本不多，但因先伯父莘伯先生，少時文名藉甚，竟有許多人買「汪」字的。廣東一省，規定取十六名進士，放榜之日，賭商由京中將中進士者之姓氏，拍電回粵，遍登廣州各報條；因有一個「汪」字，汪家的人，高興萬分，皆以為先伯父中式。後來方知「汪」字實為「江」氏之誤，結果是霞公中了。是科狀元是劉春霖（即一甲第一名進士），探花是粵人商衍鎏（即一甲第三名進士）。現在旅居澳門、年逾八旬的李際唐，及前行政院長譚延闓，均與霞公是進士同年。日後譚延闓率湘軍至粵，與霞公往還最密，其淵源是由年誼而來。

霞公之會試，是否也請了槍手，其事頗祕，已無可考。他自己本來是作家，能下筆千言的，他在鄉試時請槍，不過為好奇心所驅使，作為「賣弄遊戲」之手法而已。會試中式後，尚要殿試，以意測度，會試當不致請槍。但根據吾粵幾位老前輩曾對我說，謂霞公會試，是請順德羅癭公做槍手的，這真是查無實據了。

會試比之鄉試，嚴重得多，鄉試是在各省的省城舉行，會試是在京師舉行，是帝都所在。清朝制度，關於科場舞弊，請槍和關節，是嚴厲懲治的；倘被告發，查出證據確鑿，除當事人殺頭之外，株連甚眾，主持考試的總裁官亦不得了。所以，霞公中進士，是否請槍，雖然傳說頗多，那只有天曉得。霞公本人對此種風言風語，曾加否認。但無論如何，他總算過得了海，做了神仙。

二、衣錦榮歸，說不盡風光

霞公成進士之翌年甲辰，入翰林，回鄉謁祖，此時真是說不盡的風光。翰林算是大紳士，照習慣，必改用大張紅色的名片，高約八九寸，闊約四寸零，頂格寫滿「江孔殷」三個大字。先期印發報捷的所謂「報條」逾一千份，分送全省的官紳及遠近親友。

過了數天，霞公又坐著四名轎夫的大轎，轎前、轎後有所謂的「跟班」，前呼後擁，到四處拜客。除了長輩、親戚、老師與在籍的巨紳，乃至本省的大官，兩廣總督以下，三司六道、首府兩縣，新科翰林可以頂門拜會。總督是一省之諸侯，亦可與之分賓主而坐，可謂體面十足。並且還要另定日期開賀，官紳、親友自然錦上添花，大都致送紅喜幛，懸滿太史第中。府上乃大排筵宴：中午開麵桌款客，是開流水席，隨到隨開；晚上開翅席，分為「頭度」與「二度」，即是可以宴飲兩次。在府第的東花園，蓋搭戲棚，日夜演劇祝慶，極飲食之盛，視聽之娛，正是春風得意，衣錦還鄉。太夫人在堂，為之笑逐顏開。在昔日太平盛世之時，此情此景，非今之世所有也！

三、斥資報捐江蘇候補道

光緒三十一年歲次乙巳，清廷任用西林岑春煊為兩廣總督。西林用關書禮聘先君子（諱兆鏞，號憬吾）為幕賓。當初山東人張鳴岐亦同在幕府，此外尚有江蘇人岑盛之，皆「紹興師爺」之流也。霞公是時常有到督署拜會岑督及張鳴岐，因此與先君子亦常有應酬及唱和。

張鳴岐與霞公頗有緣，彼此很談得來，但霞公不為岑西林所喜。霞公平時與客談話，除了跳動如蝦之外，喜用右手頻頻扒其左膊。前清紳士見總督，雖然可分賓主而坐，但岑西林是勳爵後裔，昔年勤王有功，慈禧太后聖眷正隆，岑氏脾氣很怪，不喜霞公之行藏舉動，認為不恭。

霞公去後，岑西林嘗對先君子說：「此人舉動如此，太不像翰林中人，我是光緒戊子科舉人，你是己丑恩科舉人，相差僅一載，吾二人兩次會試皆下第，我不明白擔任考試大任的大總裁，竟會取中這樣的進士，科舉真非廢不可了」云云。

西林對霞公的印象如此，便不會買他的帳，凡所請託，概予拒絕。霞公此時正在壯仕之年，志在用世的，在粵既難得意，更不願北上做一個窮京官，於是，斥資報捐候補道，加捐二品銜及花翎，赴京覲見清帝，指省江蘇，出京即到南京報到，因當時南京是兩江總督所在地也。

前清時的南京，市政不修，向來有「三多」之名，即「臭蟲多（又名南京蟲）、騾馬多、候補道多」是也。候補道既然如此之多，又無奧援，想活動是不容易的，霞公在南京住了幾個月，感覺無聊，又南歸矣。

霞公中年悼亡，但在元配未逝之前，即在鄉間娶有二姨太，經管鄉間家務；悼亡之後，在穗市又娶人家女布氏為三姨太，即是我的親岳母。霞公所生兒女，嫡、庶共一十七人，由行一至行十，皆是男兒。光緒三十二年丙午正月初二日丑時，布氏誕生長女，名畹徵，男女同排行，稱「十一小姐」；那時我已是十七歲，比她大十六年，料不到日後她便是我的繼室，下篇當詳敘這一段戀愛的經過。

四、江太史蛇羹馳名遠近

光緒丙午年秋冬間，清廷內調岑春煊入京，就任郵傳部尚書（等於交通部長）。後此數年，先後繼任兩廣總督者，為袁樹勳、周馥、張人駿三人。此三人與霞公皆無淵源，故亦無若何的活動。迄宣統二年庚戌之冬，張鳴岐由廣西巡撫調任兩廣總督。舊雨忽來，霞公大喜，認為好機會來臨了。他長袖善舞，又素以擅長交際名於時，對於飲食尤為講究——江太史的廚師，享譽至今不衰，

「太史蛇羹」，成為廣東最有名的食譜。

蛇之為物，吾人從來認為是毒物，至今外省人亦多不敢下箸。有若干外省朋友到香港，聞粵人食蛇，有似談虎色變。其實，五十年前華南亦無此風，完全是由霞公開風氣之先，由他發明倡導的。當初所食之蛇，係由野外捕捉而來。自從蛇羹盛行之後，兩廣地方，居然有農民靠養蛇為生，令其繁衍，俟秋令蛇肥，乃大量運到省、港、澳發售，可以解決一家生計。此輩農民，可謂沐霞公之恩不淺矣。

我曾親入太史第廚房，參觀江府廚師製蛇羹之法——原來簡單得很，主要工作在拆蛇肉時，要特別小心將蛇骨除去，不使有一絲之骨留存。此外，則殺雞二十頭，和豬肉二十斤，煮成厚味的上湯，待至雞、豬兩肉味道出盡之後，原肉棄去不要，將此上湯燴蛇肉，再加「上好」鮑魚絲等配料，太史蛇羹即告完成，即可端上桌面，給我們享用。如上所述，是僅可供一桌十二位客人之用；倘宴客兩桌，則用料加倍，以上由此類推。我嘗謂如此奢侈，不惜工本，不特蛇羹好食，即使用此上湯燴「蔗渣」，亦必可口的。

五、在籍翰林充清鄉總辦

滿清最後一任之兩廣總督張鳴岐到粵後，霞公自然與之往還最密，大小讌會是應有之義；以蛇酌宴客，亦開始於其時。霞公手段闊綽，常以字畫、圖章、瓷器等名貴禮物，致贈與張督。俗語說得好：「人心是肉做的。」霞公給張鳴岐的印象太好了，張竟認江孔殷是粵紳中首屈一指的人才，要想辦法替他捧場，使其出仕。

前清的官制，亦有其優點，即規定本省人不能在本省當文官（督撫三司六道，及府州縣的官都是文官），而且是硬性規定，出仕必須迴避本籍，以免其在本省作弊，難於監察。獨武官是不管民政的，故特許本省人可以做本省的武官，不在取締之列（提督、鎮、協將、參將、督司、千總、把總等，均是武官）。武官只負帶兵之責，而且要受文官的節制，不能過問政治。知縣雖然是正七品的文官，戴金頂而已；鎮、協是二品武官，戴紅頂的。但實缺知縣的威風與權力，均在鎮、協之上。

前清的官制，倘有特殊原因，亦可破例由文改武，或由武改文。即如同、光之間的山東巡撫張曜，是目不識丁的，一生當武官，積功薦升至提督。提督是從一品最高的武官，無可再升的了，仍須受督撫的節制。張曜因剿捻匪功大，應該要升官了，以升無可升，乃改途做文官，升任山東巡撫，此一例也。又如廣東水師提督李準，四川人，原是廣東候補道，是文官也；歷任兩廣總督，以其長於兵事，當初委他為水師統巡，負緝捕匪類之責，是以文官而掌武事，亦因歷年積有剿匪功勞，由候補道升任廣東水師提督。李準是由文官改為武官的。

江霞公是廣東在籍翰林，江蘇候補道，依例不能在廣東為司道文官。兩廣總督張鳴岐既願替霞公捧場，使之出仕，乃先委派霞公為廣州清鄉總辦，撥軍隊數營，交他統率，俟其辦理清鄉緝捕有效，即擬奏請清廷，援李準之先例，准霞公以文改武，並保薦霞公接任廣東水師提督一缺；一面使人諷勸李準運動調升巡撫，準備讓出廣東水師提督一缺與霞公。此事由張鳴岐、李準、江霞公三人，三面言明，三面允肯，彼此同意，醞釀以歷數月；李準於宣統辛亥年三月二十九之役，與張鳴岐鬧意見，更加速其轉任外省巡撫的念頭。

第四章 我與江霞公太史父女（三）

霞公太史，恃才傲物，遊戲人間。當年他在廣州東堤大馬路妓寨裡，當眾獻「寶」的一幕，其狂放不羈之大膽作風，堪稱前無古人。

一、水師提督美夢做不成

於是，李準及江霞公兩人，各奔前程，託人在北京清廷打點，探聽行情。蓋此時是由著名貪污的慶親王奕劻為軍機大臣，總攬一切大政，賣官鬻爵，是奕劻的拿手好戲。上年庚戌張鳴岐之由廣西巡撫調升兩廣總督，也是張氏入京朝見時，貢獻過白銀二十萬兩給奕劻的效果。張鳴岐知道得清楚，此路可以行得通，他既有意栽培江霞公出仕，暗中通知李準及江霞公自行找路線點綴。後來慶親王奕劻的答案，要需索李準孝敬白銀八萬兩，即以奉天省巡撫酬之；江霞公欲由江蘇候補道升為廣東水師提督，則著其付出代價為白銀六萬兩。

不意李、江二人均嫌奕劻開價太昂，正在討價、還價之際，張鳴岐不知李、江二人之吝嗇，他把保薦李準、江孔殷的奏摺，已經發出。時值三月二十九之後，各地風聲鶴唳，革命之聲，風起雲湧，李、江二人更不願於此時投巨資，冒此大風險，對於奕劻的要求，暫置不覆。張鳴岐保薦的奏摺到京，奕劻看見李準及江霞公均未「磅水」，賄賂未到手，自然不能生出效力，乃用部文將張鳴岐的奏摺駁覆，謂：「李準再由武改文、江孔殷由文改武，均不合例，所請應毋庸議」云云。李、江兩人不肯「磅水」，奕劻要打官話，那是極自然之事。

於是，李準所發的奉天巡撫的美夢、江霞公所發的廣東水師提督的美夢，一樣成為泡影，變成畫餅充飢了。

筆者之伯父莘伯先生（諱兆銓）向在李準幕府為總文案，筆者又身為霞公太史之婿，故於此事之內幕，知之最詳。滿清政府之末年，任用貪庸之奕劻主政，腐化至於此極，安得而不亡呢？

二、文瀾書院初見江霞公

這一篇文章的題目，既然標題是〈我與江霞公太史父女〉，而前所載我的文稿，均是寫霞公早年事蹟的大概情形，未有隻字提到我與霞公父女的關係，頗有不甚對題之嫌。寫文章必須與題目相呼應乃可，我與霞公之關係，必須率直表明，續後再寫他的長女公子與我論婚的經過，俾讀者可以知道一切來龍去脈。

我與江霞公太史第一次見面，是在前清宣統二年，歲次庚戌（一九一〇）。但初次見面，並未交談，不過看到他的丰采而已。那時霞公太史四十六歲，我年二十一歲。

記得當年廣州市之西關，有一間「文瀾書院」，一向是廣東紳士集會議事之所。其時張鳴岐初任兩廣總督，北京清廷為預備立憲起見，通飭各省籌備地方自治。廣東各紳士，即在該書院內附設廣東地方自治研究所，宗旨在於集思廣益，研究地方自治的方案。

在宣統二年之冬，有一天，張鳴岐箋邀廣東在籍各紳士，在「文瀾書院」召開官、紳聯席會議，討論籌備地方自治問題。我得知這項消息，為好奇心所驅使，特地前往「文瀾書院」去旁聽；看見出席者，除總督張鳴岐之外，三司六道，廣府及南番兩縣，各正印官皆到齊。紳士方面出席者亦甚眾，現在事隔數十年，其姓名未能逐一開列出來，就我所認得和記得的，有前安徽省巡撫鄧華熙，翰林院侍講丁仁長，內閣侍讀學士梁慶桂，翰林院編修吳道鎔，前金山總領事、江蘇候補道許炳榛（許崇智之叔父），學部員外郎易學清，候補道羅關石，諮議局議長丘逢甲，以及江霞公太史等。先伯父莘伯先生亦被邀出席，我是隨同先伯父前往，不過是旁聽人員。他們皆是朝衣、朝冠，穿著袍褂出席的，我只是穿著長袍馬褂而已。

三、紅頂花翎，高論驚四座

在會議中，首先由兩廣總督張鳴岐發言，大意不外乎一套官話，謂：「遵奉朝廷意旨，預備立憲，籌備地方自治，究應如何籌備之處，請各位紳士表示意見，以便採納施行」云云。我當時看見各位大紳士，大多數都是啞口無言，毫無主張。發言最多者，便是江霞公太史；他戴著紅頂花翎，袍褂甚為漂亮，可謂丰度翩翩。最引人注目的，是他所戴紅纓帽鑲著花翎的翎管，那是一根有名的「三萬三」清水綠玉，光彩奪目。俗語說得好：「人要衣裝，佛要金裝。」那時的江霞公太史，議論滔滔，旁若無人，腦後一枝花翎，左右搖擺，神氣十足，被他搶盡鏡頭。我看見張鳴岐傾聽他的議論，點頭點腦，不住向著霞公微微而笑，表示對他佩服之忱。眾紳士之中，除霞公太史之外，丘逢甲議長及羅竸石觀察亦有發言，但說話並不多，不及霞公之能長篇大論，說得頭頭是道，怪不得張鳴岐對他特別重視呢。

那時官廣東勸業道的是陳省三丈（望曾）。最近聞省三丈之哲嗣陳樹階兄言，是日散會後，張鳴岐曾對省三丈曰：「江霞公之才真可愛，非拉他出仕不可。」張鳴岐對霞公之重視有如此者。

宣統二年，我還是一名小伙子，坐在旁聽席，各官紳雖然多數是父執輩，但因人數太多，不便一一行禮致敬。散會後，也不打招呼，各自離去，此是霞公太史第一次給我的印象，距今已歷四十八年了。

四、妓寨現寶，風流太史公

我與霞公太史第二次見面，是在宣統三年，這次依然是未有機緣接談。

事在是年農曆六、七月之間，正是南方氣候最炎熱之時。其時，穗垣最熱鬧繁華而又最可開心行樂的所在，便是東堤大馬路的酒家和妓院。最豪華的是飲寨廳，設在四樓，面對珠江，涼風習習，是為最理想之納涼地方。我當時也常和少年同學十餘人，聯袂到某寨廳，開筵坐花。記得現已年逾八旬、老尚風流、僑居本港之俞叔文教授，及其胞兄伯颺、胞弟季和，均嘗與我同遊同席，是輪流做東道主。有一個時期，每夕大家必到，幾無虛夕。那時生活程度低，做東道者，每夜破費百餘元，算是相當豪奢的了。

有一夕，我們呼朋引類到某寨廳食晚飯，我於無意中行出騎樓，向左右鄰的寨廳一望，赫然看見霞公及梁節庵太史（鼎芬）、羅癭石、金滋軒兩觀察等一共十多位大老者，亦飲於左鄰的寨廳，擁妓鬥飲，聲達戶外。我因為他們皆是父執輩，其時我尚年輕，僅二十二歲，尚有畏羞之心，見此情景，急急遁入廳事中，靜靜地聆聽妓女唱曲，不敢聲張。俄而忽聞鄰廳譁聲大作，我不知發生什麼事，在窗縫中偷窺之。

原來是各位大老，正在高談其「潘驢鄧小閒」中的「驢」之問題。

霞公曰：「此事倘若我認第二，當無人敢認第一了。」

眾皆曰：「恐口無憑，非現寶不可。」眾大老一致督促。

霞公恃才傲物，原是一位遊戲人間、異常豪爽的人傑，乃毫不遲疑，毅然脫去下裳，將他的「寶貝」，用手持著，擺在桌面上，顧盼自豪曰：「父母之遺體，清白之身，不會失禮諸公的。」

眾皆譁然，笑聲可震屋瓦，即梁節庵太史亦為之莞爾不置。眾妓女則掩面驚呼，奪路而走，寮口嫂則滿口「啋」聲。於此可見，數十年前的妓女，在表面上尚有若干羞恥之心；倘在今日，遇見如此奇景，她們不特不會走避，必定急急行前，參加欣賞偉人的「雄姿」呢！

說者謂霞公之「驢」，可與七十二枚光洋捲成一筒相比擬。足見前輩風流，我輩不及也。

五、四七年前事如夢如煙

以上所述，是霞公太史生前風流逸聞之一。

是夕，我待至開筵時，食過魚翅之後，便匆匆下樓，悄然歸家，不敢終席。因那時我與髮妻金氏，正是新婚燕爾之時，金滋軒觀察是我的叔丈，倘給我髮妻知道我去飲花酒，恐怕有些不便，所以三十六著，走為上著了。此事距今已歷四十七年，及今回憶，如夢亦如煙耳！

兩週來我接到港九和東南亞好些位讀者寄給我的信，拆開一看，大意都是催我提前寫一點我和江太史的長女公子畹徵小姐戀愛的經過情形。我心中一想，上文所寫的霞公太史的事蹟，不過寫至宣統三年（民國成立前一年），那時畹徵小姐不過是六歲，寫長篇文字，不能不以年代為系統，勢難中途提前寫我的續弦問題。倘讀者欲快些知道這一段富有「戲劇性」的故事，則上文既寫了霞公太史「驢」的問題，現在「打蛇隨棍上」，未嘗不可一敘後來我與江氏妻談到這事的一番經過，以實篇幅。

我於民二十三和江畹徵小姐結婚，其時我是四十五歲，她二十九歲。夫妻之間，當然無話不可談，在婚後不久，我猛然回憶年少時情景，將二十多年前在東堤寨廳窺見岳丈挾妓侑酒的風流韻事，告給她知，她亦為之笑不可仰。話匣打開，問答便多，因這是多麼有趣的問題，如何會忘記呢！茲將我倆當日的問答，照錄於下。「問」是我的問，「答」是江氏妻的答。

六、閨房多樂趣，有問有答

問：有關你爸爸如此這般的風流韻事，你有所聞否？

答：你問得太奇怪了。我是女兒身，如何能知道爸爸的內容？你想知道，你去問我的「細姐」吧（粵俗稱呼庶母或眾母為「細姐」）！

問：我是你家的女婿，如何可以將這些問題去問岳母，那太過無禮了。你說我問得奇怪，我話你教我教得更奇怪。你是女兒身，當然不知爸爸的內容，但你的年齡與許多位「細姐」是相若的，難道你們靜中不會談過嗎？我不信！

答：談是談過的。就是我的媽媽，便是第一個怕爸爸之人，她生育過九哥和我兩兄妹之後，便不再和爸爸同房，發誓不再生育了。

問：你爸爸肯嗎？

答：我媽媽有應付的方法，她寧願自己破費私財，替爸爸娶「四姐」以自代。自從娶了四姐回來，媽媽老早關著房門，擁著兒女睡覺，拒絕爸爸入房中。

問：這是什麼緣故呢？

答：我以為你好聰明，原來你這樣蠢，畫公仔要畫出腸嗎？不用說，當然是媽媽怕爸爸呀。

問：然則你爸爸和媽媽的感情，一定很壞了？

答：又不然，他倆始終恩愛如初，數十年如一日。

問：然則「四姐」又如何？她不怕嗎？

答：說也奇怪，「四姐」的態度，和媽媽一樣，亦是很怕爸爸的，並不歡迎爸爸和她多親近。

問：倘若如此，你爸爸在精神上豈不是要大感苦惱嗎？

答：那又不然。爸爸哪裡還怕無去路？他除了冶遊之外，並且接二連三地又娶了「五姐」、「六姐」、「七姐」乃至「十二姐」，爸爸的去路多得很，無憂也。

問：除了你媽媽和四姐之外，其他各位「細姐」，怕不怕你爸爸呢？

答：我所知的，隨後娶來的「九姐」、「十姐」、「十一姐」、「十二姐」四位細姐，並不怕爸爸，統統和爸爸相處得很好，琴瑟和諧，她們一致歡迎而從無拒絕爸爸之事。

問：這是什麼緣故呢？她們有何應付的祕訣，你知嗎？

答：我怎麼知道呢，父母的私生活，我做女兒，哪裡管得許多！

問：你總會知道一二的，告訴我吧！

答：你猜猜吧。

語畢，她噗嗤一笑，不肯再談下去，轉側其身，入睡去了。

第五章 我與江霞公太史父女（四）

江霞公以紳士身分，結交官府，可說神通廣大；但胡漢民和他最無緣，對他始終敬而遠之。陳炯明主粵時，卻和他搞得最好。為了要向袁項城暗通款曲，霞公還代表陳炯明祕密跑了一趟北京。

一、「籐蛇入口」，果然不善終

上節我所敘述我與我的亡妻江氏閨中問答，句句都是經過的實情，絕無半句是杜撰。頃間忽然憶起前人曾有古訓，謂：「閫內之言，不出外傳。」一念及前稿，深感慚愧，因為跡近猥褻之事，形於筆墨，太過不成說話，我要成為名教的罪人了。

吾家先世，累代藏書不少，計有十五萬卷之多，近數十年來，屢經滄桑，散失已大半。我少年時，承先人之餘蔭，於書無所不讀，除「經史子集」之外，「三教九流」的書，亦多涉獵；為好奇心所驅使，舉凡「堪輿」、「算命」、「看相」的書，均有檢閱。

就我所記得的，有一本「相書」內載：大凡「驢」大之人，終歸是賤相，「驢」小反屬貴相云云。我初頗懷疑，以為盡信書不如無書，即如：霞公太史是著名「驢」大之人，但他是前清的翰林院編修，號稱「金馬玉堂」人客，何等名貴，豈賤之有？我初以為這樣的「相書」可以燒掉。不意霞公太史晚年最後之一幕，是被中共的鄉政府拘留，竟餓斃於拘留所，其最後結果，仍不能不算是「賤」呢！

諺云：「生鬥英雄，死鬥福。」霞公之生前，名滿百粵，自命是過海神仙，太史第中，金釵十二，繁華數十載，是夠英雄的；可惜，死時則談不到有「福」了。又霞公的面相，有一面是「螣蛇入口」，相書謂若此者必餓死。這一點亦告應驗。此層又要難倒科學家了。

二、主張獨立，做「紳士」代表

話再說回頭，宣統三年農曆辛亥三月二十九之役，革命黨雖然失敗，但已給清廷的官吏們一大打擊，皆為之魂飛膽落。是年中秋後四日（即雙十節），武昌新軍起義的消息，傳到廣州，清吏更感恐慌了。兩廣總督張鳴岐知道大勢已去，授意廣東在籍紳士鄧華熙、梁鼎芬及江霞公等，於農曆九月初四日，在西關文瀾書院，召開所謂治安會議。剛在開會那一天的上午，清廷新委之廣州駐防將軍鳳山，剛到廣州上任。這鳳山真不知死活，依然坐其綠絨大轎，照常擺齊執事，鳴鑼入城。革命黨人深知鳳山是滿籍的知兵大員，非將他炸斃不可；當下胡漢民、朱執信即推革命同志李曉生祕密返穗，主持其事。鳳山乘輿行至南關倉前街，果然被李曉生等用巨型炸彈將鳳山炸斃。

（按：李曉生同志，平日並不以炸鳳山之事自炫，亦不以此居功，曾繼李文範之後，出任立法院祕書長，今已年居古稀，僑居本港，筆者常與之茗話，語及往事，每為之唏噓不置。）

自發生倉前街炸斃鳳山之嚇人事件後，清吏張鳴岐以下更加驚惶萬狀。眾紳商在文瀾書院開會時，同情革命之人，紛紛主張廣東宜即宣布獨立。江霞公太史是識時務的俊傑，他又深恨慶親王奕劻，要敲他的竹槓六萬兩，然後肯給他做廣東水師提督；此時他亦深恨清政府的腐敗，料知其亡可立而待。如是，霞公在眾紳商之前大言曰：「廣東者，廣東人之廣東也。」極力主張獨立。其時頭腦古舊的紳士尚多，尤其是鄧華熙、梁鼎芬諸大老，仍思效忠清廷，大不以獨立為然，當場力持反對，議論紛紛，不得解決。後來那些反對獨立者自動離去，其主張獨立之紳商，遂議決公推代表赴港，與港中社團及革命黨協商和平解決方案。即席推舉廣州十一家報館，每家派一人為代表，紳士方面則推江霞公為代表，於農曆九月初七日由穗赴港。

三、一天都督，蔣尊簋「過癮」

初八日，廣州九大善堂與各行商社團，又在愛育善堂召開大會，由陳惠普主席，提出廣東應立即獨立。到會者熱烈鼓掌，一致擁護，隨即議決；又推熊長卿、郭仙舟、馮商巖等為代表，再行赴港洽商。熊長卿等到港後，即會同江霞公等到香港四邑輪船公司，與旅港工商社團，假澄天大酒樓會議，至深夜始散。

翌日，各代表聯袂到革命黨機關部接洽，此時在香港機關部負責領導革命大計者為胡漢民。胡氏看見人心思漢，眾志成城，大喜，當即電令張鳴岐立即投降，將保證其生命安全。張鳴岐接電後，首鼠兩端，猶豫不決。此時朱執信所策動各江綠林豪傑，組織民軍，已經風起雲湧，革命空氣瀰漫半邊天。附近廣州各縣之民軍，逐漸向廣州進迫。廣州水師提督李準，兩個月之前，已與革命黨通款。至是，遂勒兵於虎門，電促張鳴岐下野。

農曆九月十八日下午二時，廣州紳、商、學、報各界人士千餘人，再在廣東諮議局開會，一致主張剋日獨立。初仍推張鳴岐為廣東大都督，此時霞公太史已由港返穗，亦有到諮議局參加開會，張鳴岐竟於是夜宵遁，挾公款潛逃去了。

翌日，廣州全城懸掛革命新旗，並燃放爆竹，至午不息。唯張鳴岐已遁，新任大都督胡漢民又未到，首善之區，不能無主，眾推新軍標統蔣尊簋暫代都督一天。

四、陳炯明太史第做「上客」

廣東水師提督李準，則派汪宗洙（字道源）代表赴港，於農曆九月二十日迎接胡漢民到穗接任，大都督府初設在諮議局。二十一日，我亦由港返穗，登岸即逕到諮議局。有頃，遇著江霞公太史亦到，這是我第三次與他見面，而是第一次交談。他是我的父執輩，我自當對他執禮恭敬。我尚記得他對我第一次說話，是說明：「我是在省城第一個剪辮之人」云云。此時他是決心要向革命黨靠攏，向我們看齊了，不能不說他是識時務者。

質而言之，其時霞公方在盛年，有用世之意，願為桑梓效力；但胡漢民都督與之無緣，不過虛與委蛇，敬而遠之，凡有所進言或請託，均不買他的帳。辛亥農曆十一月，國父由歐洲回國，道經香港，邀胡漢民隨同到南京，組織臨時中央政府，廣東都督一職，交副都督陳炯明代理。陳是惠州府海風縣客籍人，廣東紳士的好歹，他不甚清楚。與張鳴岐頗相類，陳炯明與霞公亦頗談得來。飲食應酬，是霞公最擅長的手段，江府廚師，久已名聞遐邇，陳炯明因此常有到江太史第宴會，陳、江兩人的友誼，日漸親密。

民元之夏初，國父交卸臨時大總統職，回粵巡視黨務，胡漢民當然隨侍左右。陳炯明之任都督，不過是代理名義，此時反對他的人太多。陳炯明表示辭職，由廣東省議會投票選舉汪精衛為廣東大都督。汪時在上海，與陳璧君新婚燕爾，願學鴛鴦不羨仙，電辭不就，廣東省議會乃又改選胡漢民為廣東都督。

五、祕密北上「通款」袁項城

陳炯明於代理都督期間，以其同鄉鍾鼎基、蘇慎初二人，分任廣東陸軍第一、第二兩師長，張我權為混成旅長，他隱然把握著廣東的兵權。胡漢民不能不買他的帳，乃以陳炯明為廣東全省總綏靖處經略，令其負責肅清吾粵「賭、盜、會、鬥」四大害。

袁世凱就任臨時大總統，他知道陳炯明在粵有潛勢力，發布明令，特任陳氏為廣東護軍使。既然已有都督，負軍事實際責任，何必設此疊床架屋的機構呢？質而言之，袁世凱一貫的作風，是要使用權術，施行其離間手段而已，「呃、嚇、拆」是袁氏的三大手段。

陳炯明就任護軍使之後，他更進一步，要自兼廣東陸軍第一軍長，將一、二兩師及混成旅，均隸其麾下，成立軍司令部。此時之陳炯明，頤指氣使，不可一世，胡漢民亦怕他三分。獨都督府總參議長朱執信，原是陳炯明老師，陳之加入同盟，亦朱氏所介紹，朱之神威與魄力，尚能控制著陳炯明。

陳炯明在私下計畫要排除胡漢民離粵，由他做「南天王」。上文曾經敘過，陳炯明與霞公太史的友誼，搞得相當敦睦，胡漢民既然不買霞公的帳，霞公遂教陳炯明通款於袁世凱，求取北京政府的奧援。炯明大喜，乃委託霞公為代表，祕密入京活動。霞公到北京後，得總統府祕書長梁士詒的介紹，覲見袁世凱，代陳炯明表示擁護袁氏之誠，袁亦大喜。民二，宋教仁被刺案發生，輿論沸騰，二次革命將近要爆發，袁世凱更加緊其「拆」的活動。六月，發布明令，廣東都督胡漢民另有任用，著即免職。又令：特任陳炯明為廣東都督。又令：特派胡漢民為西藏安撫使。

六、「民政長」好夢又告破滅

袁世凱這幾道命令，的確是江霞公到北京活動所得的果實。當時梁士詒曾答允霞公，謂中央政府不久必續發明令，各省軍、民必須分治，都督只管軍政，另設民政長，專管民政（即是省長）。梁士詒對霞公預發支票，謂極峰（指袁世凱）已內定以霞公為廣東民政長。霞公大喜，遂在北京靜候佳音。

歷史上所稱為「癸丑二次革命」，終歸爆發。李烈鈞將軍首先在江西之湖口起義，東南數省均響應。此時之陳炯明，本來仗江霞公奔走之力，已和袁世凱勾通，他的本心是不欲參加二次革命的，但有他師尊朱執信之神威與魄力，控制著他，他無法反抗，終於宣布廣東獨立，參加討袁。這樣一來，留住北京之江霞公受陳炯明之拖累不淺，被袁世凱傳入公府，備受指責，且欲加罪。霞公究竟是聰明人，又是「能言」之士，他謂：「生兒子亦難知兒子的心肝，此非意料所及，乞大總統明見」云云。梁士詒是陪同覲見的，當時亦替他說好話，幸獲平安無事。但霞公所苦心追求的廣東民政長，又觸了雷，只得失意南歸。

孔夫子五十而知天命，霞公在民國二年已接近五十歲了，他是聰明人，失意之餘，想到要做水師提督不成，想做廣東民政長又不成，而且都是眼看要到手而功敗垂成，至此，自知其命定不應做官，所以，民二之後，霞公便絕意仕進了。

第六章　我與江霞公太史父女（五）

霞公是李福林的第二恩人，是有名的「河南老虎」。當年太史第中花園裡遍植蘭花，品種名貴，霞公自號「蘭王」，並稱呼江十一小姐為「蘭王郡主」。豪雄氣概，蓋可想見。

霞公太史承先人餘蔭，本是殷富之家，他中年意圖出仕，不過是「既富矣」，「又想貴」，中年人熱心功名，是很普遍的，其心事不過是想求「名」，並不是想求「利」。到了知命之年，因兩次活動皆告觸雷，從此便心灰意冷，乃安心做其在籍的紳士。當鼎革之初，凡是前清有功名的巨紳，在社交上仍有其相當的體面，何況他那時仍擁有巨量之財產，可說是既有錢又有面。故民二以後的「南天王」龍濟光，及先後來粵任民政長之李開侁、李國筠、民四又再來粵任巡按使的張鳴岐、民五任廣東省長的朱慶瀾，這一批都是舊官僚，他們仍保持著前清官場的遺風，到任之初，照慣例必須拜會大紳士的。他們凜於古語所云：「為政不難，不得罪於巨室。」

霞公在粵，「有錢有面」，故民初在粵之軍、民兩長，對霞公均相當客氣，尤以駐防廣州河南之「福軍」司令李福林為最。民二以後，國民黨已失勢，「福軍」是險些兒被龍濟光下令解散的。李在當時，完全靠霞公為之撐腰，地位始得保全。何況李福林於辛亥光復之初，即被指定廣州河南海幢寺為「福軍」大營，海幢寺距離同德里江太史第極近，步行約十分鐘可達。因此，江、李二人往還至密；不久，又結拜為金蘭兄弟——前清時名之曰「換帖」，在官場中最為盛行。

一、密電梁士詒，救了李福林

自從龍濟光做了「南天王」，視當時的國民黨人如眼中釘。當龍氏槍斃了警察廳長陳景華之後，李福林慄慄危懼，因他也是出身於國民黨，可能招忌的。此時只得求計於其蘭兄江太史了。霞公自己知道，僅憑他與龍濟光表面上的官紳關係，其力量是不足以做李福林之保鑣的，要想達到保全「福軍」實力之目的，非向當時的北京政府想辦法不可。霞公經過籌思之後，乃致一封長電與總統府祕書長梁士詒。梁是前清翰林院前輩，霞公是後輩，平時友誼相當篤厚，梁氏素來肯買他的帳。

那一通長電內容大意謂：「李福林辛亥之從國民黨，那是出於不得已，革命非其本心。所部『福軍』駐粵有年，軍風紀甚好。此次陳炯明反叛，福林絕不肯盲從，足見其尚明大義。孔殷可以保證其必不會從亂黨。乞呈明極峰，電令龍都督，准予『福軍』照舊保留。倘不幸再不獲邀准，『福軍』被解散，則廣州所屬三角洲一帶治安，恐難確保，後患不堪設想。……」等語。話說得相當有力而又得體。

梁士詒因素來信任霞公，遂將此電代為呈閱，並加說項。袁世凱果然點頭稱善，即電令龍濟光，著其保留「福軍」，不必解散，李福林仍任司令如故。故由民二之秋起，迄民五之秋止，這期間內，霞公可算是李福林之後臺老闆，亦可稱為李氏之第二恩人（按：李氏的第一恩人為革命先烈朱執信）。霞公嘗自己誇稱：「外間以為登同（李的別號）有兵權在手，我要靠他保護。此語大謬不然。其實，我江蝦保護李登同是真，沒了我，登同早已休矣」云云。在龍濟光督粵時代，真實情形是如此。那三年之間，李福林之一舉一動，無不受命於霞公，差不多每日必到太史第一次，唯霞公之馬首是瞻焉。

二、前清「河南老虎」潘老三

廣東是富庶省份，歷史多有記載，我們讀唐人詩，有句云：「此邦多寶玉，慎勿厭清貧。」所謂寶玉者，自是指財帛而言。因廣東接近南洋地帶，大陸土產之出口，與舶來品之進口，胥賴吾粵為轉運的樞紐，所以經營出入口買賣者，很易致富。

上文已經敘過，霞公之先人，即係經營茶葉出口，致富百萬。但江氏在粵，仍稱不上是巨富。前清嘉、道年間以來，廣東以潘、盧、伍、葉，號稱「四大殷戶」。但此四家，不過「錢」多而已，尚不及河南潘家之盛（潘、盧、伍、葉之潘仕成，海山仙館主人，與河南潘家同姓不同宗）。

河南潘氏三兄弟：長寶琳、次寶璜、三寶珩，他們除了「錢」多之外，功名亦盛。寶琳、寶璜均中進士、入翰林。寶珩字佩如，亦中舉人。寶珩向官廳承辦廣東全省硝礦場捐務，歲入可數十萬金，允稱富饒。三兄弟之中，占了兩個太史、一個孝廉，又因為錢多，環境做成他們成為河南的土豪。寶琳、寶璜均早逝，潘寶珩藉兩兄的餘蔭，獨自稱雄，恃勢橫行，有「河南老虎」之綽號。提出「潘老三」三個字，在清末異常響亮的。

記得光緒末年，時值歲暮，潘老三到河南某古董店，欲選購花瓶。店伴取出一隻普通花瓶給他看，潘老三不合意，囑另取最好的出來。

店伴曰：「最好的價貴，恐怕你買不起。」

潘老三如何受得住店伴的如此藐視，勃然大怒曰：「叫你老闆出來！」

老闆應聲而出，潘老三曰：「你店中所有存貨，不論精粗美惡，我要立即完全買受，半件不許存留。價值若干，任從你要，我可以立即付款，限你立刻送貨到聽颿樓。」（按：聽颿樓是潘家別業，面臨珠江，藏書甚富，纂有《聽颿樓書畫錄》二卷，為廣東文物之名著，我尚存有此鈔本。）

潘的用意是要結束這間古董店的營業。老闆認得他是潘老三，是著名橫行的「河南老虎」，豈敢開罪於他？唯有打躬作揖、說好話、認錯，一場風波，才告平息。

潘老三的脾氣如此，其他類此之行動，不一而足，書不勝書，這裡僅舉其一端而已。

三、民國「河南老虎」江霞公

光緒癸卯年以前，霞公與潘老三，同是舉人，可謂地醜德齊。論財產，江不如潘。故癸卯年以前，霞公尚肯讓潘氏三分。迨至光緒甲辰年以後，霞公欽點翰林，衣錦還鄉，此時的功名，已遠駕於潘老三之上。雖然潘老三有兩位哥哥也是翰林，但都已逝世，倘潘老三此時仍然高踞「河南老虎」之稱號，霞公是不能容忍的。所以，在光緒之末年，霞公與潘老三，面和心不和，常以小故發生不必要的摩擦，彼此極不愉快。潘老三恃著舊有的歷史關係，當初不肯稍示讓步。潘、江兩家，發生過許多次戲劇性的笑話，膾炙人口，筆難盡錄。質而言之，河南一地，不能藏兩虎，倒是事實。

迄宣統辛亥三月二十九之役，潘老三怕聽革命之聲，舉家遷居香港，嗣後偶於清明及重陽兩佳節，始返廣州省墓，事畢即走，不再與霞公爭雄。民二以後，霞公與李福林，互相利用，互為背景，此時太史公如虎添翼，潘老三更不能不退避三舍。於是，「河南老虎」的威名，遂由潘家搬到江家去了。

四、江大人的威風不一而足

他們之所謂「河南老虎」，雖不是會食人之老虎，但那一種豪雄的氣概，咄咄逼人，確不可一世，有時要比真虎更兇更猛。而且他們的虎威，因人而施，是有分寸的，商民人等，自然要買他的「怕」了。

即如當時河南戲院的主事人，知道江太史第，門又高，狗又大，為要買「怕」太史公起見，特在院內準備一間最近戲臺的廂房，專供給太使第眷屬觀劇，不但不收費，而且還要特別招待。倘若霞公太史本人要來觀劇，他常常不坐廂房，逕入大堂。戲院中人看見江大人來了，即有一工役，急急端一張籐睡椅出來，擺在大堂位正中間第三、四行的路邊，視線最標準之處，江太史安詳地坐在籐睡椅上；倘是在冬天，籐睡椅上還安放一張特備的毛椅墊，使江大人舒舒適適地欣賞演劇。另有俊俏的男僕，跟隨江大人左右，手持食福建條絲煙的「水煙筒」，蹲下為太史公點火裝煙。戲院內縱然滿座觀眾如雲，能有如此享受之資格者，僅霞公太史一人而已。至於在臺上演戲的老倌，看見江大人在座，亦必為之加倍落力。

所謂「河南老虎」的威風，不一而足，這裡亦不過略舉一端耳。

五、火車上相遇「老氣橫秋」

記得民二之冬，我入了肇陽羅鎮守使李耀漢的幕府，每月或隔一月，必返穗省親一次，往來常乘搭廣三鐵路火車。某次，正好遇著霞公亦搭火車返佛山，他當初不知我何往，此時國民黨失勢已久，在火車上與他碰見，他既是前輩，少不得對他很恭謹地客套一番。不料霞公卻哼哼哈哈的冷淡非常，與前年辛亥在都督府相見時，神態前後不同，真所謂「前恭而後倨」也。翌年民三，彼此又多次在火車上相遇，霞公頗以為異，居然老氣橫秋地問我曰：「屢在火車上相遇，你究竟去什麼地方？」

我答曰：「自從龍將軍入粵後，肇陽羅鎮守史李耀漢堅邀家兄蟄庵及我，參加他的幕府。他以蟄庵兄為參謀，委我為祕書。我以有老親在堂，每月歸來省親一次，所以會常在火車上與世伯相遇。」

霞公至此方悟，乃笑謂曰：「你們汪家真不愧為紹興師爺的世家了。」他此時知道我們不必逃亡，尚不至十分潦倒，當堂色霽，又變成有說有笑。下車時，並一再堅囑，叫我在下次於回穗省親之便，務祈渡江相訪，共謀一醉云云。大約他老早有些誤會，以為我仍走革命路線也。

六、初見江小姐尚是孖髻女

民四，重陽佳節前後，我由肇慶請假返穗掃墓。某夕，與同學三人聯袂到河南戲院觀劇，記得是「小生王」白駒榮，與「花旦王」千里駒，合演《金生挑盒》一齣名劇。我們是買的第三行大堂位，我坐路邊第一張椅。坐下不久，舉頭一望，看見供給江府享用的廂房，有成群貴婦來臨，有幼有長，約八九人之譜；她們的裝飾，綺羅錦繡，珠光寶氣，可稱窮奢極侈，真不愧巨室本色。有兩位十歲左右的女孩子，坐在廂房的最前座，頭上梳著一對孖髻，戴著鮮花，年雖幼，豔麗絕倫。其他年長的，想當然是太史公的姬人了。

有頃，霞公亦到大堂座。事有湊巧，他平日坐慣的籐睡椅，剛剛擺在我的右鄰，和我並肩觀劇，自然少不免彼此都有攀談。除談論舞臺上老倌的演技唱工之外，我曾乘間一問：「世伯府上所包的廂房，坐在前席兩位女孩子，是否世伯的令千金呢？」

霞公答曰：「是的，此兩女均三奶所出，阿一今年十歲，阿二今年九歲，她倆是『隔年同呢。』

我又問曰：「有入學校讀書否？」

霞公答曰：「我不喜歡女孩子入學校，是聘請老師在舍下教讀。」

我又問：「一位老師？」

霞公曰：「今年是請馮侗若孝廉（名愿），他住南關天馬巷，每日渡江授課。馮老師學行均佳，教授法亦好。我認為女子不必入學校，徒然容是習染囂風，好處少，壞處多。女子無才便是德，求其能識字，會寫家信，至多再學會加減乘除的算學，便可夠用了。你以為然否？」

我心中雖不甚以為然，但只好微笑而默不作答，亦不便在戲院中與之辯論，隨即將話岔開，談論舞臺上的戲文。將近要散場時，霞公曰：「倘若你明天未返肇慶，請你來我家中食一頓晚飯，好嗎？」

我答曰：「甚好，世伯賞飯食，敢不如命？」

散場時，握手訂約，明天再會，各自歸家。

這是我第一次看見江畹徵小姐（即梳孖髻的女童），因距離得遠，未有談話。

七、「蘭王郡主」觀劇怕肉酸

翌日，我應約渡江到同德里太史第。到達時，見李登同和池老寬兩人已在座。霞公見我到，笑迎曰：「今天你來得最合時，秋蘭正在盛開，我引你去花園欣賞吧。」攜著我的手，進入花園。

原來太史第中，種植許多名貴的蘭花，品種皆一時之妙選，葉色花香，並皆佳妙。叢蘭逐層布置在樹蔭之下，清風徐來，微聞王者之香。霞公名其書室曰「蘭齋」，自號曰「蘭王」，為其女公子江畹徵刻一圖章曰「蘭王郡主」，其豪雄氣概有如此者。

欣賞了一陣蘭花，我隨太史公返回客廳，見畹徵十一小姐與其同胞妹畹貽，方在階前嬉戲，我聞得她呼李福林為「登叔」。霞公指著畹徵、畹貽對我曰：「昨夜你問我，這兩孩子是否我的女兒。我觀劇歸來，阿一亦曾問我，與我並肩看戲談話者是何人哩。」

旋即呼畹徵至前，指點曰：「這位是汪希文五哥，昨夜與我共話的便是他。」

畹徵以目視我，我即問曰：「昨夜所演的戲，你說好看不好看呢？」

畹徵小姐答曰：「花旦千里駒唱做都好，但我憎看小生白駒榮。」

我曰：「你憎他什麼？」

畹徵曰：「他有時做得太肉酸，有失斯文。」（粵語肉酸即肉麻之意。）

我答：「你的話不錯，白駒榮演出的神氣，有時是怪難看的；但他要表演出小生追求花旦的熱情起見，不能不如此呢！」

畹徵聆畢，臉上微紅，嫣然一笑，轉身便走，畹貽亦隨之而去。

此民四秋間故事，距今已四十二年，是時我二十六歲，畹徵僅十歲，但她的先天好，亭亭玉立，像是十二三歲的女孩了。當時我視之為世妹，絕無綺念，估不到二十年後，她會做我的繼室，豈真佛家之所謂「緣」耶？

第七章　我與江霞公太史父女（六）

民國三年夏秋之間，前清恭親王溥偉，曾在香港某酒店與粵中舊紳士多人，祕謀復辟大計，溥偉且有廢宣統而自承大統的野心。參加這一幕的，自然少不了江霞公。現居本港年已八旬的金滋軒老先生，當年亦為座間人物之一，偶話往事，感慨萬端！

民二，癸丑二次革命結束後，民三、民四兩年，中國並無內戰發生，這兩年算是相當太平。其實亦不過外觀昇平而已，內幕仍有許多陰影。這期間內，全中國的士大夫，和知識階級，大抵可以分別為三大集團：第一，革命集團，由國父孫中山先生領導眾同志，或在國內為地下工作，或在海外奔走活動，唯一之目的，是要打倒袁世凱，其大本營在日本東京。第二，復辟集團，是忠於清室的，隱然負領導之責者，是南海康有為，其活動的大本營在青島（那時青島被德國占領）。吾粵之梁節庵太史（鼎芬），亦是最熱心效忠於清室者。第三，官僚、軍閥集團，在袁世凱領導之下，把持著全國的軍事、政治實力，內有部分人士，希望袁世凱稱帝，他們可以攀龍附鳳，長保富貴。吾粵三水梁士詒，便是其中主要角色之一。說來倒很湊巧，國父孫先生、南海康有為、番禺梁鼎芬、三水梁士詒等四位均是粵人，但他們的立場各異，宗旨則絕對相反。

一、附庸於「大清遺老」之列

民三、民四之間，霞公太史不過五十歲開外，此時他雖無意仕進，但年富力強，在社會上依然頗出風頭。上列三大集團的人馬之中，霞公是與革命黨距離得最遠，他固然不需要革命黨，革命黨亦不需要他，故他與革命黨最為無緣，充其量，不過酒食徵逐而已。霞公是最「現實」之人，他與梁士詒有舊，梁介紹其覲見過袁世凱，「見高則拜」之風，原是很普遍的人情，但他本身是前清的翰林院編修，既然未做過民國官，他亦想附庸於「大清遺老」之列，因此他與復辟派，未能完全絕緣。所以上列三大集團之中，第二、第三兩集團，霞公均與有其淵源。

《清史稿‧儒林傳》，有清一代，粵人以儒術載譽於史冊者，實繁有徒，而以朱次綺及陳澧二人為最。次綺字子襄，南海九江人，學者稱「九江先生」。澧字蘭甫，所居齋榜曰「東塾」，學者亦稱「東塾先生」。兩氏均桃李滿門，著述等身，華南人才出兩氏門下者至眾。朱九江之門徒，以康有為為最著；陳東塾之門徒，以梁節庵為最著。兩人文章事業，均有其獨到之處，皆可傳而不朽。康南海生時追效孔子，周遊列國時間為多，甚少返粵，故霞公與康南海，始終未有機緣見面。唯梁節庵太史則常有歸里，與霞公聚首的機會頗多。

梁節庵丈於光緒三十三年丁未，奏參袁世凱，謂其似曹操、劉裕，請即予罷斥，以絕後患。疏入留中，乃罷官回粵，由是直聲震天下，舉國士大夫無不想望其丰采。在廣東眾紳士當中，梁節老可以領袖群倫。紳商每有集議，梁節老說話，差不多可以控制一切，輿情對他十分悅服。霞公之於節老，執後輩之禮尤恭（節老入翰林，比霞公早二十多年）。

二、李福林恭恭敬敬端痰盂

民三，梁節庵丈由北京返粵，霞公設宴為之洗塵，他要表示出「河南老虎」的威風，特邀李福林陪居末座。福林看見霞公對節老如此恭敬，亦向節老表示敬禮，站立起來，敬酒頻頻。霞公命令福林稱呼節老為「梁大人」，福林亦敬謹遵命。

梁節老是頃刻不忘清室的，此是他自幼所受傳統的教育所使然，亦是時代所使然，他凜於「忠臣不事二主」之遺訓，終身念茲在茲，與他的老友康南海始終主張保皇復辟，初無二致。節老此次在江宅見到李福林，以其是握有兵權之人，又見其對自己如此恭敬，乘此機會，乃施展其煽動技能，企圖李福林跟他一齊走。

在席間，梁氏老氣橫秋對李福林作勉勵曰：「古來出身於綠林者，不少英雄豪傑，名留青史。遠者不必論，近者如高要張忠武公（國樑）、三水鄭尚書（紹忠），均吾粵人，同是出身於三山五嶽，終能改邪歸正，替國家立功，不特加官晉爵，亦且流芳百世，《清史稿》為之立傳。足下年富力強，前程遠大，望好自為之」云云。

霞公太史是「識撈世界」之人傑，最擅長「見人講人話，見鬼講鬼話」的。他隨著梁節老說完之後，對李福林曰：「你不可單獨識得朱執信一人。要知執信的父親是朱棣垞先生（名啟連，按：徐世昌所纂《晚清簃清詩匯》，載有朱氏遺詩），乃是梁大人之畏友。執信今日若在此，他對梁大人之敬禮，會比我更恭謹，因梁大人是執信的父執輩也。」

福林聞言，對梁節老愈加敬重。節老偶然欲吐痰，福林即急往取痰盂，擺在梁節老的面前，俟其吐痰畢，然後置回原處，其恭而且敬也如此！此無他，李福林於龍濟光踞粵時代，完全是仗霞公撐腰之力，始得保全地盤，此時無法不接受霞公的頤指氣使，霞公亦樂得在其老前輩面前，施展出「河南老虎」的威風。

三、香港某酒家粵紳大集會

梁節庵丈是年回粵，是有所企圖的。事後先君子曾告訴我，梁節老係與恭親王溥偉同行南下，溥偉留居香港某酒店，自己不出面，梁節老受康南海委託，意欲在穗策動龍濟光勤王復辟的。因龍氏在前清是一品大員，官至陸路提督，希望其不忘故主舊恩也。廣東的舊紳士，聞得溥偉到港，有多人祕密到港晉見之，計有前江寧提學使陳伯陶、前江西提法使張學華、前安徽提學使張其淦、前翰林院侍講丁仁長、翰林院編修吳道鎔、前江蘇候補道金湛霖等（金滋軒丈）。先君子兆鏞公亦被眾紳士慫恿，與各人聯袂到港。江霞公隨後亦趕到，會同旅居香港之翰林院編修朱汝珍、賴際熙、黎湛枝等，公宴溥偉於某酒家。君臣共十二人，皆大歡喜。翌日，溥偉亦宴請各紳士。那時溥偉的主張，以為宣統帝溥儀是年僅九歲，若遵光緒帝臨崩時遺意，國賴長君，所以溥偉的心事，欲將溥儀擯開，而自立為皇帝。

關於這一點，眾紳士的意見不能一致：有以為開濟艱難，絕非孺子溥儀所能負荷，認為溥偉之主張甚正確；亦有認為「今上」早經正式即位，民國且保全其帝號，我輩君臣之份已定，何忍出此？眾紳議論紛紛，多數同情於後一說，前一說不能成立，於是無結果而散。溥偉亦感覺失意，離港返青島。事在民國三年夏秋之間也。此一宗祕史，除我知道之外，今已年屆八十、當日在場之金滋軒觀察，猶在人間，在港常與筆者相晤，偶話舊事，尚能娓娓不倦也。

四、梁節庵葬母，搬演滑稽劇

恭親王溥偉離港北歸後，梁節庵丈要營葬其太夫人靈柩於廣州白雲山麓之雙溪寺附近，廣東知名的舊紳士，大都相約登山送葬。節老揚言：「奉安慈親靈柩，此乃大體，倘蒙親知光臨，務祈著清朝衣冠，乘肩輿登山，方敢迎接；若不著朝服，一概擋駕，恕不招待」等語。大約梁節老的用心，是欲造成復辟的氣氛也。

及期，霞公太史竟拉著李福林一同登山。霞公在前清的官階，是二品銜（江蘇候補道），自然是戴紅頂花翎。但霞公當年在京點翰林之時，編修是正七品京官，尚留有金頂、袍褂、朝珠一套，霞公此時欲拉李福林同往，竟將舊時自己戴過的金頂，連同袍褂，一併借與李福林使用，堅囑李福林隨同一齊坐轎登山行禮。李福林對霞公此舉，很不願意，因他不特未做過前清的官，而且是一名被懸賞購緝的綠林，現在要他這樣裝束，隨同眾紳士叩頭行禮，豈不是尷尬之極？

大約穿著前清的袍褂，與今日在舞臺上穿著戲服，情形相差不遠的，一舉一動，非經過訓練不可，否則著起來，衣不稱身，有似沐猴而冠。記得宣統元年三月（民國紀元前三年），我二十歲，先君子為我完娶，那時我是要穿著袍褂的。事前由父兄教練了許多次，然後懂得著袍褂的技術。在家中行禮時，尚可以隨便一些，三朝履行新女婿的義務，要到岳家謁祖，便萬難隨便，否則有辱詩禮人家的聲譽，所以不能不格外留神。乘四人肩輿前往，出轎門之際，臺步是有規矩的，確與演劇差不多。所掛朝珠，用左手掩護，右手輕扶轎槓而出。宴罷告辭，如何步入轎門，亦有其法度。妻舅送至轎口作揖送客，要還禮如儀。門內鼓樂大作，入了轎內，妻舅再揖，又向妻舅還禮。聞鼓樂之聲，大吹大擂，心中為之跳動不止。我自言自語曰：「早知如此麻煩，我真不願做新郎哥了。」

五、玩弄小聰明，氣壞李福林

所以粵諺有云：「第一怕是講官話，第二怕是著袍褂。」李福林是一生未著過袍褂之人，霞公強迫他著，他事前未有經過訓練，自然有許多不如法度之處，雜在眾賓之間，不倫不類，一群紳士見之，無不竊笑；霞公則自鳴得意，更哈哈大笑。他如此做法，其動機並不是有意挖苦李福林，不過欲在梁節老及眾紳士面前，顯得他能支配李福林的權威而已——但究竟屬於「惡作劇」那一類了。福林對此舉始終認為是奇恥大辱，而當時又敢怒不敢言，只得忍氣吞聲，自認晦氣；禮畢返回「福軍」大營，將紅纓帽擲於地下，連聲大呼「丟那媽」不已。福林之於霞公，從此便有多少芥蒂了。霞公如此擺布，不過是玩弄小聰明，未有顧念到對方的心情與面子，徒然自己取快於一時，實在不上算。

這一件有趣的掌故，先君子講給筆者聽的（年前曾將此一趣事，簡略地撰一短文，刊諸香港《天文臺報》）。梁節老與先伯父莘伯先生，及先君子，少年同學於陳東塾先生之門，是多年要好的朋友，他們皆不仕民國，始終以「前清遺老」身分自居。節老營葬太夫人，先伯父及先君子登山送葬，曾目睹此一幕活劇。

第八章 我與江霞公太史父女（七）

筆者按：霞公生前為了娶回五姨太一事，曾經鬧出一件家庭父子大糾紛。此事雖已隔四十餘年，但老輩中人，彼時皆曾風聞。茲將此事之全盤內幕，據實筆而出之，以告讀者，霞老在天之靈，絕不致怪我，或以此德我亦未可料。

關於「清帝復辟」之問題，在民國三年夏秋間，曾經高唱入雲，像煞有介事也者。因其時剛在癸丑二次革命失敗之翌年，革命黨人在國內已無立錐之地，差不多全部逃亡海外，全國最高統治權力，暫時落在袁世凱一人手上。袁氏解散國會，廢棄民元約法，頒布袁氏欽定的新約法，大總統任期十年，可以無限期連任，等於終身制。總統繼任人，亦規定由現任總統推薦。又欽派參政，設立參政院代行立法院，一切制度，皆趨向於「封建」與「專制」，絕無民主之可言！

湖南耆儒王湘綺（闓運）入京觀光，大書一聯云：「總而言之，統而言之；民亦字也，國亦字也。」一登於北京報章，京、滬、港、粵各報，均為之轉載。又大書四字橫額，曰：「清風徐來。」

極富有幽默感。

於是有一批前清的孤臣孽子，看見袁世凱的措施，與「民主」制度距離日遠，他們搭錯了線，誤會以為袁世凱有還政於清室之志，遺老中有一位「勞乃宣」，首先刊發一本小冊子，名為《正續共和解》，引用三代時期周公、召公共和故事，曲為之解，謂共和乃君主政體，而非民主政體，並謂：「現任總統前兩年似乎不甚忠於皇室，類似周公之『恐懼流言，不利孺子』，今已時移世易，亂黨已流竄於四方，相信今總統不久仍必擁戴故君，可與伊尹迎立故君之忠義，後先媲美於史冊」云云。同時又連續上書清史館館長趙爾巽及徐世昌，主張以「歐美總統之名，行周、召共和之實」，預定以十年為期，宣統帝溥儀及冠時，即行歸政。

袁世凱當初看見他們這樣胡鬧，亦不表示可與否之意見，但說：「很好！叫他們來做參政吧。」遺老們認為這是大好佳音，踴躍歡呼，誤以為袁世凱果真同情復辟，有意還政了。繼之者有劉庭琛的〈復禮制館書〉，和宋育仁的〈還政清室演說詞〉先後發表於報章，把一班老頭子搞到頭昏腦脹，以為不久必可重見「滿官威儀」，又可望彈冠相慶了。

一、組織所謂「集思廣益社」

就在這個時期，梁節庵丈回粵葬母，將上述情形，宣傳於粵籍諸紳士，霞公太史亦信其言。不過，霞公之於復辟問題，乃是消極贊成，亦不會十分積極去幹，他看見一班遺老如此起勁，隨聲附和而已。

民三之初秋，是復辟聲浪，唱到最高潮之時，差不多似乎是勢在必行的樣子。此事自然不會為袁世凱私心所願的，他看見「人心思滿」，恐怕弄假成真，於渠有些不便。到了是年初冬，袁乃嗾使其爪牙「肅政使」夏壽康，及參政孫毓筠，先後呈請嚴禁復辟謬說，袁則據呈發出通令查禁。那一批皓首蒼髯的「前清遺老」，看見形勢不對，嚇得人人自危，不敢再在北京逗留。

復辟空氣被打散以後，袁世凱自行稱帝的真意完全顯露，帝制運動就一步緊一步正式上演了。關於要變更國體、擁戴老袁做皇帝一件事，世人皆知是由籌安會的「六君子」楊度等所倡議。但帝制運動之主要角色梁士詒，則與霞公頗有連繫的。梁氏倡導的請願聯合會，居然後來居上，比當時的籌安會更見突出。因為梁氏想出使用選舉制度，作為是全國的民意，推舉老袁為皇帝，世所稱為「強姦民意」者是也。梁士詒遂指派粵紳凌福彭、李漢芬、伍銓萃、潘元燿及江霞公等在粵組織所謂「集思廣益社」，社址設在穗市衛邊街；這個機構的任務，是運動廣東全省的紳士，當選為國民代表，要一致投票，選舉袁世凱為中華帝國大皇帝。

二、起草〈勸進表〉，潤筆一千元

梁士詒又推薦粵人蔡乃煌為欽差大臣，回粵開辦藥膏檢查所，所址設在穗市一德路，公開販賣鴉片煙土，以所獲利潤，部分撥充北京大典籌備處經費。至於廣東的「集思廣益社」的經費，亦由藥膏檢查所支付。蔡乃煌少年時，曾與霞公同在科場競賽，在文壇上是要好的朋友。霞公更接受梁士詒所囑託，命其協助蔡乃煌推銷鴉片煙土，自不能不為之出力。「集思廣益社」派員分途遊說粵省知名人士，出任國民代表，其答允肯為袁皇帝投票者，均有相當的報酬；資金之來源，全由藥膏檢查所利潤內支付，霞公每月更有不少的乾修可獲。

民國四年十月底，各省被指派之國民代表，開始在各省的省城投票，為破天荒的選舉皇帝。廣東巡按使是張鳴岐，因先君子及江霞公均是科甲出身的紳士，同被指派為廣東國民代表之一。先君子已老早避地澳門，稱病不出（張鳴岐曾以舊同事之關係來拜訪，亦拒不見）。江霞公太史是識得時務的俊傑，不會放過此機會，十一月初間，到了在廣東投票的日期，太史公昂然進入投票所，投其神聖一票，選舉老袁做皇帝。因他與梁士詒有深厚淵源，也是無法不這樣做。在梁士詒本人之所以贊助帝制，已經是出於不得已，非如此無法自存；在霞公更加是代人受過了。

廣東「集思廣益社」之主持人凌福彭，番禺人，曾中進士，前清官至順天府尹（即京兆尹），護理直隸省總督，是一生受袁世凱卵翼之人。廣東投票選舉事畢，粵紳即由凌氏領銜，聯名入奏勸進；霞公亦有署名的。勸進的奏摺，是由蔡乃煌囑先伯父莘伯先生（名兆銓）主稿，駢四驪六，相當典麗；可惜今日存稿已經失散。文成，付與蔡乃煌。蔡大喜，在鴉片煙土利潤內，酬以雙毫一千元。先伯父得此亦喜，立即以為避地之費，攜眷遠走澳門。故勸進奏摺內，先伯父未有署名。

翌年，帝制失敗，袁世凱氣死。霞公以前塵似夢，深感懊惱，頻呼「燕蓀累我」不已。梁士詒別字燕蓀也。

三、風流太史公娶回五姨太

上文所敘，係寫民國三年及四年，霞公太史的動態。唯此兩年，宇內昇平，並無內戰發生。在這期間內，國事雖寧謐，但霞公之家庭卻發生一件不寧謐之事，父子之間，弄到極不愉快。此事我本來不想寫出來，恐防影響霞公身後的名譽；後來細加考慮，這件事是出於「陰差陽錯」，並非霞公蓄意如此，深知其底蘊者，當能予霞公以同情與諒解。此事距今雖已歷四十餘年，社會上尚有許多老輩，曾經風聞此事之皮毛，僅知其一二，而未全悉其內幕，每每以訛傳訛，失其真相，反為不美，不如據實記載，以免世人誤會。想霞老在天之靈，絕不致怪我，反為會以此德我，亦未可料。

事情是這樣的：霞公素性風流，喜與朋儕到廣州東堤徵歌選色，嘗呼一雛妓侑酒。不料事有湊巧，此雛妓原是與霞公之第四公子季槐相戀於先，而且早有了密切關係，霞公全不知也。久之，霞公老興不淺，要在這妓處留宿。他有錢有面，在鴇母「愛鈔原則」之下，自然順利達到目的。妓院中人已竊笑其父子同科，傳為美談。又經過若干時間，霞公再進一步，要為此雛妓脫籍，攜回河南太史第，備作金釵之一。鴇母知其父子的內幕，期期以為不可，屢勸江大人不必指定要此女，不如另選別位亞姑。霞公不答允，指明要此雛妓。

鴇母不得已，坦白告之曰：「這位亞姑，是和江大人的五少有了關係在先，此事須請江大人慎重考慮為佳，免致因此而傷父子感情，好嗎？」

霞公適在酒醉之後，乘著酒意罵曰：「你不過借此題目，作為擋箭牌，企圖攔阻我不帶她『上街』（粵諺，為妓女脫籍，名為「上街」），你們好留著她，作為長久的搖錢樹。我明白你們的伎倆，別人可以給你欺騙，我是騙不倒的。我江蝦的脾氣，你不知道嗎？我說要就要。」

鴇母曰：「我們豈敢欺騙江大人？我們的說話，是千真萬確，不敢胡說。」

霞公怒曰：「倘有此事，當初我呼她侑酒時，你們何以不言？待至今日，我要帶她埋街，你們乃以此為口實，明明是說謊話。無論如何，我不信我的兒子有此事。我江蝦的話既已說出口，無商量之餘地。身價多少，我不計較，多給是可以的，任從你要便是」云云。

此時，霞公太史正是當時得令的「河南老虎」，有錢有面，在金錢萬能環境之下，何求而不得呢？鴇母看在金錢的份上，霞公如願以償，將此雛妓帶回太史第，列作五姨太。

四、父子絕親情，女人是禍水

這位五姨太雖然一入侯門深似海，但季槐四少爺乃是前度劉郎，季槐乍見情形如此，又驚又喜——驚者是愛人被奪於老頭子，喜者是此後更加近水樓臺。俗話說得好：「月裡嫦娥愛少年。」何況彼此又是相戀在先！霞公此時已過了半百之年，五姨太又不是寵擅專房，不久，又有六姨太、七姨太，相繼入門。在此種情形下，某夕季槐偵知乃父不在五姨太房中值宿，他居然色膽如天，摸入五姨太香閨暗渡陳倉，重尋舊好。五姨太亦不予拒絕。如是者經過好幾個月，男貪女愛，欲罷不能。

語云：「上得山多終遇虎。」有一夕，季槐正與其新的庶母、舊的愛人雙宿雙棲，一時大意，只虛掩其門，未有下鍵。霞公是日方在外間宴罷回家，時在午夜，老人家碰巧逕入五姨太寢室，揭開羅帳，醉眼看見這情形，這還了得，一時怒火沖天，大罵：「畜生禽獸，不要臉。」

那時江太史第是有警察守衛的，霞公立即下令，將季槐捆綁，縛於階前，又將五姨太即夜驅出太史第。五姨太只得漏夜歸回妓院，暫依鴇母。待至天明，霞公親自寫八行，致書廣東將軍龍濟光，大意謂：「小兒江季槐，私通亂黨，企圖運動軍隊，謀為不軌，茲擬大義滅親，飭警解送來署，請即立予槍斃，以昭炯誡」云云。

龍濟光據函，命發交軍警執法處訊辦。幸而江季槐有救星，這位執法處長沈某，是常與季槐同遊於花叢的，深知此事內幕，乃是父子爭風，季槐確不是亂黨。據情回明龍濟光，濟光亦為之大笑，命將季槐省釋。沈某並推其友誼，資助季槐避居香港。季槐先到妓院，攜同其舊愛人同行，居然成為正式夫婦，男女二人，均終身不貳。霞公因此更怒，宣布從此與季槐斷絕父子之關係。

此事內幕實情是如此，外間一知半解者，或誣霞公為扒灰，或謂季槐烝其庶母，兩說皆過甚其詞，似是而非。大約兩說僅各得其半，霞公是出於酒後誤會，當不是有意奪子之愛，無以名之，名之為「陰差陽錯，家庭之不幸」可也。

在霞公一方面而言，當初聞鴇母言，此妓既與其兒子有染，自應審慎一些，何必一定要將此雛妓娶回，此錯是在霞公。

在季槐一方面而言，老子既占有其人，也應該從此修心養性，或出門找尋事業，自可避免糾紛。乃癡心不捨，鬧出此不愉快事，豈智者之所為哉？古語云：「女人是禍水。」這事又是一明證了。

第九章 我與江霞公太史父女（八）

江霞公與江季槐以父子之親，為了一個女人，終至弄到「不及黃泉，毋相見也」的地步。中共於一九四九年宣布「土改」，季槐居然檢舉老父。中共將霞公押返南海縣佛山鄉清算，在疲勞審問之下，斷送了太史公的老命！

民國三年與四年，我於役肇慶，參加李耀漢的幕府，返穗市的時間甚少。關於上節所述江府五姨太鬧出的那一場風波，我當年僅聞其一鱗半爪，不甚知其詳；而風聞的來源，則由於江季槐抵港，便逢人訴苦，指責其父「扒灰」。季槐之友好，往往信其片面之詞，以訛傳訛。在穗燕居的江霞公，老人家盛怒之下，每遇親知過訪慰問，輒大罵季槐是「畜生，忝其庶母，兒子之於老父，孝敬者不是甘旨而是綠頭巾」。各執一詞，各走極端。好事者更捕風捉影，加以渲染，反為與事實之真相，距離得愈去愈遠了。回憶當年許多人茶餘飯後，每以此事為談話的資料，我在旁聞之，左耳入，右耳出，不甚留意，因未深悉其底蘊，不敢妄加月旦也。

經過二十年之後，我與江十一小姐畹徵女士結婚，偶於夜闌人靜，夫妻二人說及往事，我欲知其真實內容，究竟是什麼一回事，乃詢之內子。她初以為家醜不宜外傳，不甚願講，每笑而不答。我嬲之再三，謂：「我問你的家事，你不告給我知，倘若你他日問我的家事之時，我也援例而不答，那麼，豈非有損我夫妻的感情乎？」

至此，她不得已，始將此事的經過，從頭至尾，一一告訴我知；即是上節所敘，完全是出自她之口，入在我之耳。我據她口述而直書，並無加多或減少，更無絲毫杜撰，其中內幕，原來如此這般而已。

一、江畹徵說父兄各有不是

以後我倆討論及此事之是非曲直，說話頗多，茲將記憶所及者，照錄於下（「夫」是我，「妻」是吾妻江畹徵）：

夫：你以為此事誰曲誰直，誰是誰非呢？

妻：我認為爸爸和四哥（季槐行四）各有不是。

夫：哪一方面的錯誤成分居多呢？

妻：半斤與八兩，難分軒輊。

夫：何以見得呢？

妻：我記得馮侗若老師教我們讀四書，《論語》中有一節，孔門弟子問政，孔子曰：「君君臣臣，父父子子，而天下平。」馮老師解釋之曰：「君能盡為君之道，臣能盡為臣之道，父能盡為父之道，子能盡為子之道，夫如此，天下自然太平。倘若君不君、臣不臣、父不父、子不子，天下安得而不亂？家庭安得而寧謐？」爸爸和四哥這件事，可說是父不父、子不子，所以我認為此宗錯誤，父子各占其半，皆有不是。

夫：你在我面前拋書包，你欺負我遺忘了四書嗎？我記得孟夫子的遺教有云：「是非之心，人皆有之。」大凡發生某一件不愉快之事，必有是非曲直之所在。我的見解與你不同，我認定你爸爸不過是「過失」，季槐四哥則簡直是「犯罪」。過失尚輕，可以饒恕的；犯罪則觸犯刑章了。豈不聞聖人有云：「君子懷刑」乎？

妻：我不了解這些。

二、霞公是過失，季槐為犯罪

夫：你爸爸逢場作興，偕友人去遊花叢。徵歌選色，在昔日官廳是要徵收花捐的。此項玩意，乃是可以公開，賢者所不免，並無不法。甚至老人家要留宿妓館，都是他自己的私生活，無可厚非。這雛妓與兒子戀愛在先，他老人家所不知也，與那些立心奪兒子之愛者，不可同日而語；與世俗之所謂「扒灰」，有大大的區別。至於事前未有調查清楚，謂為「大意」、「疏忽」則可。後來酒後不聽鴇母的勸告，不信季槐戀愛在先之一說，此亦是老人家過失之一部分。無論如何不是，都不會超越「過失」兩個字的範圍，未能構成老人家的罪名也。

後來米已成炊，美人正式入了宮，號稱「五姨太」，則名份已定，季槐應該從此自肅，不應再暗渡陳倉，幹出醜事。須知與有夫之婦和姦，尚且難逃法律的制裁，何況是老子的妾侍？身分是庶母與嫡子，母子通姦，是謂「亂倫」，不論援用大清律例也可，援用民國刑法也可，經過法庭訊明，證供確鑿，是需要依法律判罪的。我記得是應處有期徒刑若干年。倘若是嫡子與庶母通姦，似乎罪名更重，不過不致構成死罪而已。

妻：爸爸將四哥送請龍濟光槍斃，無乃太過。縱然有罪，何至要處死刑？

夫：你此話不錯，依法此案應送法院懲治為合。誣他是亂黨，是太過的。但季槐可說是因禍得福，倘交法院，不會這樣容易省釋，至低限度要坐若干年的監牢。照此情形判斷，我說你爸爸乃是「過失」，其情節輕；季槐是「犯罪」，其情節重。你明白了沒有呢？

妻：你講得甚清楚，我現在方始明白，此是我未讀過大清律例和民國刑法之故。照你現在所講，我亦認為季槐四哥「不是」的成分居多了。

我倆關於此事之談話，遂告結束。

三、父子絕親情令人長太息

自從霞公太史宣布與季槐脫離父子關係之後，由民三起，至民十一，父子不相聞問，視同陌路人。民十一之秋，霞公丁母憂，太史第治喪，自應有一番熱鬧，家奠之日，柬請老年及少年的「知賓」各十人，代為擔任招待來賓任務。我當日亦是「少年知賓」之一，整日夜在太史第幫閒。早晚用蔬酌讌客，夜後挑選美貌妙齡的女尼四五十人，大放三寶；深夜再開筵席，款待賓客。富貴繁華的排場，顯出當日的昇平景象，今時不易再有此盛事了。

我是日早、午、晚乃至深夜，均在太史第與眾友聊天。我與霞公太史的第三公子叔穎兄很談得來，平時彼此無話不談。是日，叔穎告訴我，此次治喪，江府全家老少男女，包括至親在內，曾聯合起來，包圍著霞公，大家為季槐緩頰，代為說情，請霞公寬恕其既往，准其歸來奔祖母之喪，隨眾成服。霞公依然餘怒未息，堅執不允，謂：「倘若你們要這畜生回家，我便到空門做和尚，永不歸來，喪事也由你們主持吧，我一切不管了」云云。

此事終成僵局，無結果而罷。

越十餘年，是民二十五春末，吾妻畹徵歸寧起病，逐漸沉重，四月中旬疾篤，將近彌留。按照粵俗慣例，出嫁女是不能在母家逝世的，適太史第之斜對門，有一間兩便過的舊式屋出賃，我乃租賃該屋，將她搬過去，乃便於治喪。季槐聞其妹逝世，表示要來送殮。叔穎兄又以此請示於其父，霞公怒曰：「斜對門之屋，是希文所租賃，是希文做喪主，不關我事。這畜生要到汪家送殯，我不欲管，亦無權管，總之不准入我家大門一步」云云。

叔穎再以此徵我的同意，我答：「兄等念手足之情，參加飾終之禮，豈敢不迎接？」後來吾妻大殮之日，季槐曾到來一行。我與季槐始終只見過這一面而已。

霞公聞得季槐是日會來同德里，他絕早天未明即起床，攜同九姨太乘火車到蘿岡洞農莊以避。以父子之親，真的弄到「不及黃泉，毋相見也」的地步！且是出自縉紳之家，真可為長太息也矣！

四、兒子檢舉老父，天翻地覆

一九四九年廣州赤化之初，霞公仍安居於廣州的故居，並沒有意外事發生。翌年，始被南海縣佛山鄉公安派出所派人到穗，將其逮捕回鄉，予以清算及疲勞審問，因此絕食而斃。前年有人由大陸來港者稱，此事是由季槐在佛山鄉政府檢舉乃父的結果。

大陸宣布「土改」，霞公本來在鄉間之田頗多，當然全被沒收了。季槐必須檢舉乃父之後，「土改」時，方可分回一部分田地云。

昔人云：「撫我則后，虐我則仇。」說者謂當年霞公發見姦情，一怒之下，竟欲將親生兒子置於死地，實在不無過火；結果倫常之變，至於此極。書至此，不禁為之擲筆三嘆！

我起稿寫這篇文章之時，本來不欲將此事報導出來，恐於霞老令譽有損。適有友人某君來訪，我請教於友，亦同此意見，謂：「這宗猥瑣舊聞，若再揭發，殊為不雅，足下既與太史公為翁婿，何必要將此事宣揚？我以為仍替老人家掩飾一下為佳」云云。此言亦未嘗無理。

我幾回提起筆想寫，又復將筆桿放下。後來經我再三考慮，回憶二三十年以來，我每與相好的友人聊天，有許多位「老友記」開口輒問：「江霞公太史真是會扒灰的嗎？」我驟聞此語，為之不安，每替霞老辯明，頗費唇舌。各老友方始明白，此無他，各老友中了季槐宣傳之毒，誤聽其一面之詞，此正所謂「眾口鑠金」是也。不知此罪名乃係似是而非，江府這一宗家庭的糾紛，曲在季槐一方面居絕大多數，論其是非的成分，何止三七與四六，可說是一二與八九之比，亦不為過也。

今日我將這事和盤托出，赤裸裸報導出來，事實擺在眼前，讀者的眼睛是雪亮的，當能明白此事之是非曲直所在。所以，我相信霞老在天之靈，不特不會怪我，反為以此德我，亦未可料。

第十章　我與江霞公太史父女（九）

大陸變色後，江季槐不念親情，鬥爭老父，竟置八十六歲之霞公於死地，這在共黨看來，可謂「前進份子」矣！

唯霞公，生好勝好強，落得如此結局，吾人認為彼生平耽於淫樂，對子女溺愛放縱，實難辭「養不教，父之過」之責。言念及此，令人浩嘆！

關於霞公太史民三、民四兩年的動態，及與其第四公子季槐之桃色糾紛，上文已經詳敘無遺。本節本擬續寫民國五年霞公事略，乃連日迭接本刊讀者來信，囑將中心人物之「禍水」五姨太，如何收場，略微報導，以符粵諺所謂「食菜食成桌，看戲看成套」之義等語。

查這位「禍水」的身分，可分為三部曲：第一部曲，她是廣州東堤妓館的雛妓，號稱「紅牌亞姑」。當日紅透半邊天，豔幟高張時，先戀江季槐，後戀太史公，人稱「父子同科」；第二部曲，霞公太史為之脫籍，坐青衣轎到太史第入宮，稱為太史公的「五姨太」；第三部曲，被逐出宮，搖身一變，改稱為「江四少奶」，雖不為霞公太史所承認，但事實上季槐承認她為妻子。季槐亦能不再戀別人，相與終始。其最遺憾者，季槐一生的運氣甚平常，離開家庭後，便無所憑藉，僑居香港，所遇輒左，未嘗得意，勉可維持兩餐而已。香港淪陷於日寇時，季槐攜妻返穗，依然潦倒如故。

前日我的老友陳樹階兄，看見這篇文章，特來訪我，談及往事，謂：民三十二寓廣州時，有一天晨早，天色僅微明，季槐忽來拍門拜訪，樹階兄尚未起床，即披衣而接晤，詢以：「有何貴幹？」季槐苦皺著雙眉曰：「寒門不幸，昨夜內子病故，無以為殮，求老哥幫幫忙」云云。樹階兄慨然助以殮葬之費。這位「禍水」死時未滿五十歲，得「擅長仁翁」之助，獲正首邱，尚算有福。

季槐與陳樹階兄，本非稔交，樹階之尊人陳省三師（名望曾），在前清光、宣年間，曾任廣州知府及勸業道，與霞公太史常有交遊，季槐喪偶時貧甚，得樹階兄之資助，仍是靠乃父之庇蔭耳。

一、吾人應大書季槐弒其父

大陸變色，季槐為謀個人飯碗起見，首先接受「仇父仇孝」的洗禮，不惜置八十六歲之老父於死地，以期分回一小部分的祖田，自可稱為「最前進」的份子。是好是歹，社會自有公平。倘談到《春秋》的筆法，古之《春秋》，援聖人所書「崔子弒其君」之例，他日續修《南海縣通志》者，應該大書特書：「某年某月邑人江季槐弒其父江孔殷」，此是大義之筆。昔者孔子作《春秋》，而亂臣賊子懼，我今日援例這樣書之，也是期望今之賊子見之而懼呢！

我們稍微涉獵過中國一部《二十四史》者，皆知古時父淫其媳、子烝其母之故事，史不絕書，並不為奇。每一朝代，皆有所聞，貴為皇帝與太子，亦不能免。其最顯著者，如唐明皇最寵幸之楊貴妃，原是壽王瑁之妻，明皇奪為妃，此是標準的「扒灰老友」。隋煬則是烝其庶母之能手。其父隋文帝有疾，煬帝時為太子，入視父病，調戲文帝之愛妃。妃怒，奏聞於文帝，文帝曰：「此子豈足以守社稷？」命急召廢太子勇回京，將仍立之。煬帝懼，一不做，二不休，引兵圍宮，手刃文帝。將即帝位，以同心結賜父妃。妃欲不納，宮人勸曰：「上賜不得辭。」妃遂斂衽叩頭謝恩。煬帝先幸之，然後即帝位。

刃其父而烝其母，事在千年以前，載在史冊，隋煬帝可說是「馬列主義」之先知先覺者，是歷史上最兇狠的傢伙，亦梟傑哉！江季槐是後起之秀，幾可與隋煬帝後先媲美焉。

（按：這一小段，是以江季槐與隋煬帝之行為比論，不是以江霞老比唐明皇，霞老不算是扒灰，上文已詳。）

二、所謂「扒灰」原有兩種傳說

我先後收到幾位讀者來信，詢問「扒灰」名詞的掌故。這名詞似未見於經傳，稗史與小說則每有發見。據我昔日所聞於老輩者，則有兩說，大同小異，分述於下：

「甲說」：華北及東北各省，冬令奇寒，平民多數是闔家同睡一炕床，床下燒火取暖。床是相當闊，往往父母、兄弟、妻子、媳孫，共臥一榻。父母睡在東便，兒媳睡西便，許多平民都是如此，可以相安無異。有某甲，俟其子外出，夜半醒來，老興不淺，雖有老妻在身邊，厭故喜新，人之常情，竟妙想天開，欲私其媳。輕步走過媳婦那邊，正思行事，為其老妻所覺，罵曰：「老鬼！走過那邊幹什麼？」蓋老妻已疑其行動有異也。某甲惶恐之餘，乃俯下做扒炭灰狀！扒過自己那邊，巧為文飾曰：「天氣寒甚，我已經受冷而醒，恐防冷著老妻，所以起身扒些炭灰到我們那邊呢。」此一說也。

「乙說」：某老翁夜起，欲污其媳。登子反之床，下陳蕃之榻，為媳婦所嚴拒。翁尚強欲為之，被媳婦一掌推翁跌落床下。地面有許多炭灰，翁從容扒起來，滿手皆灰。此一說也。

兩說不知某一說屬實，或者兩說皆有之，大同小異，不必研究。故「扒灰」一名詞，屢見於稗史小說。霞公太史之經過情形，與此大異，豈得謂為「扒灰」？季槐誣其父，是又不可以不辯也。

三、溺愛子女，霞公自食其果

記得前清光緒二十一年，歲次乙未（一八九五），我年方六歲，啟蒙入塾讀書，肄業於番禺沈孝芬茂才之門。老師最初教我們讀《三字經》（注意：不是教我「丟那媽」，而是教我讀「人之初，性本善」）。老師教過之後，是要背誦的，倘背誦不出，或有遺漏，老師便用手指節之背，敲打學生的頭殼，學友名之為食「五指果」。敲打頭殼次數的多少，視乎背誦不出的字句多或少而定。我經過一次五指果的享受之後，不敢不熟讀，真能隻字不遺忘。因此之故，雖經過了六十多年，《三字經》至今尚能背誦如流。

記得有句云：「養不教，父之過；教不嚴，師之惰。」雖然區區十二個字，所含道理至為準確，可稱字字珠璣，為千古不朽之名言。霞公太史早年絕不會未讀過《三字經》之理，只因家境富裕，少年已浸淫於奢侈氣氛之中，很容易犯了「習相遠」的毛病，對兒子一味溺愛放縱，季槐豈有不「性乃遷」之理乎！及乎大錯鑄成，自食苦果，悔之已晚，此乃「養不教」之過也。

大約現在六十歲以上之人，多數是讀過《三字經》的；四五十歲以下之人，讀過《三字經》者較少數；近三四十年之兒童，多數是讀政府頒布的教科書。小學教科書第一冊，開篇便是「人、手、足、刀、尺」；我的兒女，幼時統統都是讀這些教科書的。茲將我與我的兒女比較起來，有如下之區別：

我七歲時（前清光緒二十二年，一八九六），我與我的四家兄（名宗準，字蟄庵），由書塾放學回家，看見先母桌上有橙子一隻，四家兄比我長一歲，他想食這橙，我也想食，初有爭執意，後來猛然回頭一想，記得《三字經》有句云：「融四歲，能讓梨。」我自念比孔融長三歲，他四歲能讓，豈我七歲不能讓？乃毅然讓橙與兄食，自己固不免垂涎，聽之可也。當時頗為先母所嘉獎，賜予一吻。翌日，又放學回家，桌上又有香蕉一隻，四家兄昨日食過橙，今日豈可又食香蕉？自動讓給我啖之。夫如是，兄弟安得不怡怡如也？

四、未讀《三字經》，兄弟搶肉吃

後三四十年，我的兒女成群了，前妻生三子三女之多。在民國時代，教育當局廢棄《三字經》，改讀部頒小學教科書。有一天，我夫妻與眾兒女同桌食飯，這餐最美味的是一盤紅燒豬肉，闔家圍食，大快朵頤。最後餘美肉二塊，幼的兒女不敢爭，年歲較長的三名，居然爭執起來，皆欲自私，相持不下，各不相讓。那時我真迂腐極了，我高聲朗誦「融四歲，能讓梨」，朗誦至四五次之多，意欲感動他們，激發天良而互讓也。乃結果有似「對牛彈琴」，他們絲毫無所動於中，依然相爭不已。推原其故，問題甚簡單，他們完全未讀過《三字經》，縱使我朗誦至千百次，他們不懂「孔融讓梨」是什麼一回事啊！

將我兄弟幼年相讓的經過，與我的兒女情形比對之下，讀《三字經》好呢？抑或讀「人、手、足、刀、尺」的教科書好呢？似乎不用說明，上文已有了答案了。我自己肯承認，我是迂腐老朽，絕不前進，奈何奈何！

五、霞公淫於富貴，忘了聖教

寫至此，適老友陳鴻慈兄來訪，我以此稿就正於陳兄。陳兄閱畢，發言難我曰：「你七歲時懂得『融四歲，能讓梨』，今便以為讀《三字經》有好處。然則江霞公太史是前清翰林，想當然幼年已熟讀《三字經》，倘他不能背誦，也是與你同樣要享受老師的『五指果』的，何以霞公後來又會忘記『養不教，父之過』兩句話呢！可見得讀《三字經》未必有功效，所以民國的教育家，以為幼童不如改讀『人、手、足、刀、尺』教科書之較為實際」等語。

我則認為陳兄之言，似是而非。佛家的教義，有「信、受、奉、行」的步驟：大凡是聖賢的遺教，第一步是「信」，信是入手功夫，但徒然信，仍是無用；第二步要「接受」；第三步要「奉行」。由淺而深，是有階梯的。可喻之食飯，食而能消化，乃獲養生之益；倘食而不化，與不食等。霞公太史雖然讀過《三字經》，想當然必能背誦，但佛家有云：「口唸阿彌心散亂，喉嚨喊破也徒然。」霞公的少年與中年，為富豪環境所蔽，孟子所稱「淫於富貴」是也，霞老犯了這毛病，遺忘了聖教，未有奉行，所以失之。

我以此意申論，陳鴻慈兄乃為之首肯。佛家教人「信受奉行」，與明儒王陽明「知行合一」之說暗合。知而不行，與不知等。所以，我於霞公父子糾紛一事之結論：季槐誠有罪，霞老亦絕不能辭「養不教」之過失也。

再說到我自己，我未以《三字經》教授兒女，致令我的兒女為一塊「肥豬肉」而鬥爭（鬥爭是共產黨的教條），我亦犯了「養不教」之過，悔之晚矣。嗚呼！豈不哀哉？世風至此，夫復何言！

第十一章 我與江霞公太史父女（十）

我寫這篇文稿，側重於敘述霞公太史本人的生平，前面幾章，均是寫霞老民三、民四兩年的故事，夾敘夾議，信筆疾書，不覺逾萬餘言，深慚其言之冗贅，讀者諸君得無笑其「長氣」耶？本節要寫霞老民五的事蹟了。

民五廣東的局面，發生很大的變化。上年袁世凱宣示要做皇帝，錫封廣東將軍龍濟光為郡王。是年三月，廣西將軍陸榮廷響應雲貴的義舉，反對帝制，宣布獨立，起兵討袁，事前曾徵求龍濟光的同意。龍氏戀戀於郡王之尊榮，不納陸氏之建議，陸榮廷乃轉而派員遊說肇陽羅鎮守使兼廣東陸軍第二師長李耀漢，勸其與廣西一致行動，討伐袁、龍。那時四家兄宗準（字蟄庵）和我，適同在李耀漢的幕府，我們於兩年之前，奉先烈朱執信先生之命，潛身在肇為地下工作，企圖伺機策動李耀漢反龍的。至是，機會來臨，群策群力，卒能達成任務，把龍濟光打垮了。我們活動的經過，已詳見香港《天文臺報》我所寫的〈李耀漢外傳〉內，茲不再贅。讀者欲知廣東過去的掌故大事，請參閱之。

先是，國父孫先生以袁氏稱帝，是而可忍，孰不可忍？乃分途派遣同志回國，組織中華革命軍討袁，以朱執信為廣東司令長官，鄧鏗為副，在港、澳分設機關部，展開革命工作，再接再厲。

一、「福軍」向背，關係霞公安危

駐防廣州河南之「福軍」司令李福林，係民國紀元前一年，由朱執信先生經手招撫，組織成軍的。民元，「福軍」險些兒被都督陳炯明下令解散，仗朱執信為之力爭，乃得保留。民二，龍濟光踞粵，誅鋤異己，「福軍」二次遇險，幾乎要遭受龍濟光之厄。李福林這回是仗霞公太史大力支撐，幸而安全無恙。故朱執信是李福林之第一恩人，霞公太史則是第二恩人，雖有先後之別，其為受恩則一。

民五，廣東政局的變動，李福林面臨歧途，頗有進退維谷、無所適從之概。朱執信先生派委李朗如同志祕密回穗，勸李福林在河南防地，舉起義旗，與廣西及肇慶方面，一致行動。倘李福林果有此膽量與決心，龍濟光是由「福軍」之一擊而逃，那麼，朱執信先生可以名正言順、堂哉皇哉返旆廣州，正式成立中華革命軍廣東司令長官部的。那時我們弟兄亦可敦促李耀漢擁護朱先生，廣東地盤是年不致落在廣西軍閥陸榮廷之手，不必待至民九，粵軍由漳州回粵，方能將他們驅退了。可惜李福林投鼠忌器，無此魄力，因循失去這個良好機會。

但當日李福林的處境，亦有困難。因他自從民二之秋起乃至民五，是接受霞公太史的支配，一舉一動，皆請示於霞老而後行。朱執信派李朗如來穗遊說的行動，李福林當然亦曾報告及請示於霞公。在前文我曾經說明，霞公之於政治活動諸集團，寧可接近復辟派與帝制派；他與革命黨無緣，距離得相當遠，最多不過是酒食徵逐，此時他絕不會贊成李福林復歸朱先生懷抱之理。何況前三年霞公曾在龍濟光面前，自拍胸膛，保證李福林不會對龍氏作反的，他所負的責任頗重，此時「福軍」的向背關係到霞公太史自己本身的安危了。

二、教唆李福林嚴守「中立」

尚有一點，足令霞公太史要「打醒十二個精神」，不能不如臨深淵、如履薄冰的。粵人蔡乃煌，在前清光、宣年間，是有名的「小北才子」（廣州之小北區，即番禺捕屬），說者謂其霸才尚在霞公之上，為霞公平日最佩服之老友。蔡乃煌替袁世凱賣力，在廣東大規模販賣鴉片煙土，籌助老袁登極的經費。蔡乃煌藉著此項買賣，龍濟光弄了數百萬孽錢。及岑西林崛起，就職兩廣都司令，電命龍濟光將蔡乃煌扣留查辦；不意龍濟光絕無絲毫朋友的溫情，竟將蔡乃煌執行槍斃。說者謂龍濟光是苗人，其屁股後便尚有一條短尾巴的，獸性尚存在，到了利害關頭，便無朋友溫情之可言了。霞公見世途如此危險，不免慄慄而懼。

當年的時事如此，自難怪霞公太史極力阻止李福林的異動。李福林亦有自知之明，究竟「福軍」之戰鬥力是有限，徒然犧牲，於事無益；且曾接受霞公之厚恩，良心上亦不忍。因此危害及於霞公，遂決心婉詞推卻李朗如，資遣其返港覆命。李福林擁有的「福軍」，只能挨打，不能打人，大約「三武鵝五」之綽號，是起於這時候的了。

在當時的輿論，一致要求驅逐龍濟光的氣氛之下，李福林採取什麼態度與行動呢？結果他是接納霞公太史所指導的所謂「中立政策」。

三、霞公被稱為「斯文撈家」

原來吾粵社會人士替霞公太史所起的綽號有二：一為「江蝦」，二為「斯文撈家」。凡人謀望生存，企圖有得「撈」，原來是一件很普遍之事，亦為人情所許，這不必為霞公太史諱。霞老素來擅長於「撈」，故時人替他起這「斯文撈家」的綽號。要達到有得「撈」之目的，最穩便的手法，便是「圓滑」，中立政策便是最圓滑不過的了。霞公教李福林之言曰：「你萬萬不可幫朱執信反龍，亦不必出兵幫助龍濟光攻擊朱執信，更不必幫助肇慶方面的岑西林與陸榮廷，宜集中兵力於河南區，自固吾圉，嚴守中立，美其名曰『保境安民』，絕不參加任何一方面的政爭，則他日『阿公死你有肉食，阿婆死你也有肉食』。天下間最划算之事，孰有過於此者乎？」

其言相當動聽，武人的頭腦，又是單純，何況這三年以來，李福林日日必到江府一次，有時且到兩次，伺候霞老的顏色，耳濡目染，日子久了，自然會學乖，懂得圓滑的好處，遂決心秉承霞公所教之中立政策，忠實遵守。是年廣東政變的難關，李福林果然平安渡過，是拜霞公之所賜也。

李福林於民國紀元前二年，已加盟入黨，是「如假包換」之國民黨員。民五討龍之役，他按兵不動，無所貢獻，許多國民黨同志，歸咎於霞公。我則認為不能「知有己而不知有人」，當日霞公之處境，非如此不可，否則會繼蔡乃煌之後，有送命之危。替他設想，應予諒解者也。

（附註：寫至此，適八十歲的金滋軒老人來訪，見此稿，笑曰：「你這篇文章隨時處處替霞公開脫，可稱盡了翁婿之情了」云云。）

四、朱執信回粵大罵李福林

民六，北洋政府再次非法解散國會，排除異己如故。國父赫然震怒，與海軍總長程璧光率海軍艦隊南下至粵，以「護法」號召天下。國會議員開非常會議於廣州，推舉國父為海陸大元帥。九月一日，帥府成立於廣州河南之士敏土廠，胡漢民、汪精衛、伍廷芳、唐紹儀、朱執信諸幹部，皆隨帥駕回粵。

李福林於民二之秋，與其第一恩人朱執信分手一別，至此已歷四年，李福林一旦見故主歸來，踴躍歡迎。執信首先命其派出親信部隊，負拱衛帥府之責，並追究其上年不肯發兵討龍濟光之主使者；李福林自然推在江霞公太史身上。

執信責福林曰：「江蝦是吾粵著名的土豪劣紳，我上年給一條光明的路，指導你走，你不聽我的話，偏要接受江蝦的蠱惑，你真是其愚不可及也！」

執信說畢，尚有餘憤，怒目而視，罵得李福林一鼻子灰。

李福林從容辯曰：「民二之秋，朱先生已離粵，我們變成無主孤魂，險些兒被龍濟光解散，全靠江太史之力，始得保全，苟其時『福軍』瓦解，又豈能保留力量，負今日拱衛帥府的任務呢？事變忽然來臨，有不得已之苦衷的。昔者關公曾受曹操之恩，在華容道尚肯釋曹；我曾受江太史的恩惠，固不忍害他，恩將仇報。就是龍濟光待我亦不薄，我亦不願反臉無情，一至此極。我輩是軍人，信仰主義是一件事，『義氣』二字亦不能忘懷，請朱先生要原諒！」

朱執信曰：「你這番說話尚有理，前事已成過去，可不計較，現在孫先生、胡先生和我，都已回粵，你以後切不可再接近江蝦可也。」

朱執信和霞公太史，雖然均是李福林先後的恩人，說到「份量」二字，則霞公非執信之比，差得太遠。李福林果然從此疏遠了霞公。

五、梁士詒垮臺，靠山成冰山

民二至民五，龍濟光踞粵期間，霞公太史與李福林，頗似親兄弟一樣。但這期間內，我是客於肇慶，訪晤霞公的機會不多，年中三幾次而已——每每遇著李福林亦在座，於此可見他倆親熱的程度了。民六秋後，朱執信先生用「命令式」的指示，囑李福林不可再接近江霞公，執信兄天賦有莊嚴的神威，國民黨諸同志平日對之均能肅然起敬，國父對之亦敬禮有加，他這樣指示李福林，李福林唯有「欽此欽尊」，不敢違命，從此極少到江太史第。

河南同德里的江太史第，常時都是「座上客常滿，樽中酒不空」，有孔北海之遺風的。

某日，客問霞公曰：「何以近來不見李司令來座談？」（民六時代，李福林是稱「福軍司令」，未改稱「軍長」。）

霞公慍然曰：「阿燈現在忘記我了，尚識得我江蝦嗎？」（福林綽號「燈筒」，故霞公呼為「阿燈」）

客曰：「太史公何出此言？」

霞公曰：「我不過是阿燈的假父，阿燈尚有一個親生的父親，最近他的親父回來了。此時他已渡了難關，過了橋，用不著識我了。」言畢，有憤憤不平之色。

客曰：「李司令之親生父親，究竟是何人？」

霞公曰：「引導阿燈入同盟會的朱執信呢。」

客始恍然而悟。

凡久於宦途中人，皆知官場中有一句格言曰：「朝上有人，方好做官。」換言之，倘若朝上無奥援，休想做官，否則活該了。民二，癸丑二次革命失敗，以出身於國民黨之李福林仍想維持「福軍司令」的虛榮與地盤，非想辦法找朝上的奧援不可。民二至民五，全國的獨裁者是袁世凱，老袁最親信的，是總統府祕書長梁士詒。梁士詒是霞公太史的老友記，李福林與江霞公是蘭兄蘭弟，諺云：「狗上瓦坑有條路。」李福林藉著霞公一條路，達到他朝上有奧援之目的，以期保全其地盤與實力，在當時是無可非議的。但到了民六，袁世凱早已死了，「十三太保」之一的梁士詒已下臺，且被通緝了。霞公本人的靠山已成冰山，加以此時孫、胡、朱諸公均已回粵，李福林此時不再親近霞公，是很自然的趨勢，不能怪責他的。倘若非怪責不可，這是魯迅所謂的阿Q想法了。

六、寫完這段稿說幾句廢話

本節敘寫霞老民五、民六兩年的事蹟，打算寫至此為止，不欲過於冗贅，否則長寫長有，寫之不了，太費筆墨呢。茲有幾句說話，附錄於此：本刊第十二期，即本文第九節，第四段文中有云：「老師最初教我讀《三字經》（注意：不是教我『丟那媽』，而是教讀『人之初』）。」是期出版後，有許多位老友記來訪，責備我何必在文字上寫這些鄙俚的字樣，未免有失斯文云云。

我答曰：「我寫這篇稿，並不是要準備做天子門生，企圖欽點翰林。倘若真的是應試，我在試卷上寫出『丟那媽』三個字，會犯大不敬之罪，不難奉旨要牽出殺頭的。再不然，這篇稿是逢三八課期所作，要呈老師核閱的，老師看見『丟那媽』三個字，則一定不只要用『五指果』打頭殼，更加要用『戒尺』重打手心。現在完全不然，我寫這篇稿，是供給上、中、下各級廣大的讀者閱看的。須知文章上倘缺乏『有刺激性』的字樣，讀者會慵慵欲睡的。今忽然發見『丟那媽』三字，精神或可為之一振，或者發出哈哈一笑，豈非佛家之所謂『皆大歡喜』嗎？」

各老友記聞我此言，隨即同聲一笑。

嗚呼！我們是由大陸逃難到海外之人，此時靠著煮字療飢，再呼一句「丟那媽」，得這一笑，也是不可多得的呢！感謝上帝，阿門。

第十二章　我與江霞公太史父女（十一）

霞公太史未中進士以前，社會人士咸稱之為「闊舉人」。蓋其少年承先人之餘蔭，席厚履豐，極侈窮奢，任情揮霍，毫不吝嗇，如此者經過二三十年之久。到了民二，霞公年居知命，收入者不過是有限之租息，支出者是毫無限制的消耗，何況上有好者，下必甚焉，妻妾子女，無不習染於豪華浪費，如此這般，銅山也會崩壞的！故民二、民三之間，霞公的經濟狀況，外表雖可撐持，內容實已捉襟見肘。中年意圖出仕，當是欲另圖發展，獵取富貴。不意民國紀元前後，兩次想做大官，皆功敗垂成（詳情已見前文）。霞公看見宦途既然行不通，只在商業上找出路，果然謀到了一份英美煙公司廣東總代理的肥缺。

一、三公子叔穎人品最漂亮

霞公太史諸公子之中，以第三子叔穎為最能幹，人品漂亮，八面風光，父執輩咸稱其有父風。

民初，叔穎被推為眾議院議員，在國會中頗露頭角。因霞公與梁士詒友好，叔穎自然隸屬於交通系。國務總理唐少川（紹儀）之女公子，有豔名，少川欲擇快婿，適霞公到北京，少川託梁士詒為媒，欲以女妻叔穎。霞公知其子已有愛人，婉詞謝之。唐女後適顧維鈞，短命死已！民二，國會被袁世凱非法解散，梁士詒本欲以某海關監督位置叔穎。叔穎時年二十七，志大言大，意欲得各部次長，或外省廳長，一時未有相當缺出，未獲如願。叔穎竟薄海關監督而不為，買舟乘風破浪，往遊新大陸，遍歷各大埠。

據叔穎自言，無意中在紐約邂逅英美煙公司的煙草大王某（已忘其名）。那時粵人有簡照南者，創辦南洋兄弟煙草公司，以提倡國貨為號召，至民初，已在華中、華南大行其道，業務一日千里，尤其是英美煙公司在廣東地區的銷路，幾乎完全被南洋煙公司所奪去。英美公司的捲煙，減低價格，在粵亦無人過問，業務一落千丈。紐約的煙草大王聞叔穎是廣東的名門子弟，乃虛心請教於叔穎，問有何善法可以扭轉過來。

二、「鄺洪恩」便是「江孔殷」

叔穎答曰：「家父江霞公太史，是廣東有權威的紳士，不論政、軍、紳、商、學、報各界人士，均與家父有深厚交誼，貴公司倘以廣東銷售捲煙的總代理權委託家父，諒家父必能為貴公司旋轉乾坤，不特可望恢復原狀，業務並可望比前更勝。倘閣下不信，不妨試辦一兩年，見有成效，然後繼續下去。未審閣下以為何如？」煙草大王信其言，竟發電至香港英美煙草公司，電文大意謂：

「本公司廣東總代理一席，可委託粵紳酇洪恩接辦。」云云。香港英美煙草公司接獲紐約總公司拍來的電文，翻譯出來，的的確確是這樣的。

主持香港英美煙草公司的西人，看見這電文，四處訪問，皆不知酇洪恩是何人，搞得「一頭霧水」，莫名其妙。方欲發電往紐約再問，忽有某君告之曰：「此必是翻譯電稿之人的筆誤，廣東紳士之有鼎鼎大名者，有江孔殷太史其人，必是此人無疑矣。」主持香港英美煙公司之西人，亦素來聞得霞公太史之盛名，乃專誠赴穗拜訪，霞公與之接洽，果然十分投機，一言為定。霞公接受了英美煙公司的廣東全權總代理，簽訂合約，此事約在民三秋冬間。

三、過海是神仙，榮任總代理

後來我另聞得有一說，紐約英美總公司並無致電香港分公司囑其以廣東代理權委託酇洪恩一件事，此事完全是江叔穎在紐約所弄的玄虛，叔穎並未與煙草大王晤面，而是託人冒名發電，香港分公司受了愚弄，電文既然指明委託酇洪恩，縱然日後發現假電，亦不能以此怪責霞公太史，至於委託廣東全權代理之合約，是香港分公司負責之四人，親身到穗與霞公當面簽訂的，縱使發覺前一節是偽，後一節則千真萬確了。那麼，這一幕喜劇，乃是再來一次「過得海便是神仙」！若然，此事真可稱為有傳奇性了。

是否確係江叔穎故弄玄虛？此事唯有天曉得。後來我詢之於吾妻畹徵小姐，她諉為完全不知，微笑而已。亦難怪的，其時她尚未到十歲呢。

霞公太史接辦了英美煙公司的廣東總代理，果然英美煙公司交入好運，南洋兄弟煙草公司的業務果然大受影響。原來霞公在粵，確有他的權威的，不論上中下八等，他多數認識，其在粵之身分，頗似在滬之黃金榮、杜月笙、張嘯林等，潛力深入各級民間的，經過他的宣傳手法，不久，果然發現奇蹟。也是天時、地利的湊巧，注定霞公太史應該發財了。

四、年入數十萬，花錢如流水

南洋公司的捲煙既然業務不前，英美公司的捲煙當然取之而代，從此在南中國恢復其從前的市場。有一個時期，南洋公司的老闆簡照南、簡玉階、簡英甫諸昆仲，真的束手無策，無法與之招架，直至民九、十以後，南洋公司的業務始能逐漸好轉。

英美煙公司借重霞公太史之大力支持，不特將其華南捲煙業務完全恢復，且比之從前更勝一籌，此不能白勞的，論功酬謝，應得之佣金，相當可觀。計霞公擔任英美煙公司的廣東總代理任務，約有十年之久，依照簽訂之合約，應得之利潤，每年多則達到五十萬元，至少亦有三十餘萬元，乃是昔日的港幣本位計算，以今日港幣與之比擬，相差應為十倍或八倍。以時期言，當在霞老五十歲至六十歲之間，此可稱為霞老一生之黃金時期。

在三十多年以前，每年有收入港幣三五十萬元之巨，繼續若此者有十年之久，是一件不易得之事，是非常之幸運。倘是善於理財者，應該可以一生受用不盡，終身面團團做富家翁矣。誰知大謬不然，霞公太史自從取得英美煙公司的代理權後，其豪華奢侈的作風，比前更加厲害；姬妾、子女，亦向老人家看齊，爭妍鬥麗，不在話下。記得江太史第於某年，英美煙公司給他的佣金，全年是港幣三十八萬元零，數目不算少，但太史公的脾氣，是慣於先使未來錢的，這三十八萬元早已消耗光了，到了農曆歲暮，尚差港幣四萬元，方能卒歲，否則來收帳者紛紛臨門，倘無以應付，是會影響太史公的面子的。於是不得已，尚須於歲暮趕緊設法張羅，向英美煙公司預借翌年的佣金。西人聞霞老如此情形，亦為之咋舌。

五、東花園內牛乳淋透牡丹

我寫這篇文稿，曾經一而再、再而三，謂霞公太史奢侈，但奢侈到什麼田地，與奢侈的方法，也應該指出一二，以資印證：

往昔承平之世，吾粵農曆新年，士大夫之家，多數在客廳陳設牡丹花數盆，取其為「富貴花」之意。農曆元旦，花頭以半開者為最合時，售價特昂，每朵花頭之價，三元至五元不等（時價不同），最廉亦需一元數角。普通中上人家，客座中陳設四盆或兩盆，用資點綴而已。霞公太史則不然，他於東花園之中央，闢平地十餘井，選購最壯大的牡丹花數百棵，遍植於地上，一若是牡丹田也者。此風在華北華中是尋常事，不足為異，但在廣東則得未曾有，可稱創見了！牡丹田之中央，劃出圓形一圈，地面用士敏土和灰沙打平，中間置籐桌，四面置籐椅，客至，茗談於其中，向前後左右一顧，皆牡丹花也。又引電燈於中央，倘晚間宴客，即設席於此。

尚有一節為奢侈到使人難信者，牡丹花是極需要肥料的，肥料愈豐富，開花愈茂盛，霞公不惜工本，購取大量牛乳，和清水淋花，不只是一次過，而是經常如此。表示太史公的豪華，此其奢侈行動之一。

六、太史蛇羹宴遍中西賓客

另有一節，更可說是奢侈到令人不可及的。太史蛇羹，是華南著名的食譜，每逢冬令，霞公排日為歡，全以蛇羹宴客：第一天宴請督軍署人員，第二天宴請省長公署人員，第三天宴請民、財、教、建四廳人員，第四天宴請廣州市府及南番兩縣人員。宴罷本國官僚之後，便輪到宴請沙面的領事館外賓：第一天宴請英國領事館人員，第二天宴請法國領事館人員，第三天宴請日本領事館人員。其他有領事館設在沙面之外賓，以次類推，必定完全宴過為止。此其奢侈行動之二。

僅舉出上列兩項故事，可說是其奢侈之代表，其他可以思過半矣。

後二十年，香港淪陷於日寇時，出任香港總督之磯谷廉介，即是民十以前曾任沙面日本領事館武官的，霞公曾宴請他享用過蛇羹，磯谷不忘舊誼，聞霞公旅港缺米，立即致贈白米二十擔，又聘請霞公為香港中日文化協會委員，並出示嚴禁軍人在霞公的旅邸騷擾，霞公乃得安然攜眷返穗，此亦有大小因果在其間也。

第十三章 我與江霞公太史父女（十二）

霞公太史出任了英美煙公司廣東代理後，當時他和同業的南洋兄弟煙草公司曾開了一個天大的玩笑，幾乎搞得南洋公司關門大吉！

關於這一幕喜劇的搬演，當時曾有人指責霞公不甚道德。但仁者見仁，智者見智，實在很難說，所以筆者今天特在本文內把它很中肯地揭露出來。

一、同行是冤家，霞公出奇計

民四，日本乘著歐戰方酣，向我國提出二十一條件，壓迫袁世凱承認，下哀的美敦書，限期答覆。一時全國輿論沸騰，人情憤激。有志之士，提倡抵制日貨，也要交出當眾焚毀。杯葛日貨的聲浪，全國高唱入雲。

霞公太史既然做了英美煙公司總代理，把握這節機會，他要替英美煙公司立功，在「商戰」的立場而言，不妨損人利己了。霞公交遊素廣，不論上中下人等，他都認識，叨惠江太史第的飲食者，無日無之，他即利用這批「撈家」放出謠言空氣，謂：「南洋兄弟煙草公司內容是日本人的資本，所用原料完全是東洋貨，甚至製造捲煙之技師，亦是日人」云云。

其實這完全為商戰的宣傳，是冤枉的，南洋兄弟煙草公司內，並無半個日本人，亦無分文是日本人的資金，乃是「如假包換」的國貨土產。但在霞公太史有組織的宣傳之下，只用口頭散播，絕無憑據，南洋煙草公司又不能和他打官司，遂令當時省、港、澳各級上中下人等，互相傳說，以此為茶餘酒後談話的材料。

我記得魯迅所著《阿Q正傳》有云：「有人替你說好話之時，未必有人相信的，當做耳邊風而已。反之若有人說你的壞話時，極容易不脛而走，頃刻間可以舉國皆聞，眾口鑠金，信以為真的了。」何況，當日抵制日本貨一件事，上自一國之元首，下至全國人民的輿論，異口同聲，無人敢說一個「不」字的。一般人講新聞，所談者無非是日本如何欺凌我國，我國人民之對策，必須抵制日本貨，這空氣成為「天之經，地之義」，佛經之所謂：「妙高峰頂，從來不許商量。」

一般人聞得南洋煙草公司是日本人資本經營，皆大憤怒，不特一致拒絕吸食南洋公司的捲煙，已經購存在家中者，亦激於義憤，棄之如遺。商店中存有南洋煙草公司出品的捲煙，一樣被檢查隊勒令繳出焚毀，形勢好似倒下的狂瀾一般，無可挽救！

二、英美煙公司業務霸南天

南洋兄弟煙草公司那時雖然自己亦有辯明絕無日本人的資產，請求社團人士及檢查隊派人到公司查核股東名冊及帳目，並到工廠切實調查，以明真相。但霞公之對策更聰明，他自己本人絕不出面，唯暗中用重金豢養一班中下級的「撈家」，教其對於南洋公司的辯白，僅用簡單幾句乾脆的說話駁之曰：「此地無銀三百兩」，欲蓋彌彰而已。因宣傳得法而有力之故，南洋公司的辯白，絕無絲毫效果，有時遇著肯仗義執言之人，替南洋公司做證人，說公道話，為該公司並非日本人資本經營，那麼，此人便有受日本人利用，為虎作倀之嫌疑，甚或嫁以「漢奸」罪名。因此之故，縱有之清楚內容之人，為自惜羽毛起見，亦不出聲，「各人自掃門前雪，不管他人瓦上霜」，聽任其自然發展。那時之南洋煙草公司真倒楣，竟毫無招架的方法。

在民初，僅有外國人經營之英美煙公司，及國人經營之南洋煙草公司，此外尚無第三間製造捲煙的企業。諺云：「一雞死，一雞鳴。」南洋煙草公司的出品，既然給江霞公一棒打倒，業務一落萬丈，有一個期間（約有年多兩年），南洋公司的捲煙，簡直無人過問。英美煙公司的業務更形成了一枝獨秀，莫可爭衡；至於獲利加倍，更自不在話下。英美煙公司的西人，為之笑逐顏開，對霞公太史表是最敬禮。

三、商場如戰場，是非何足論

霞公太史這一幕喜劇的搬演，或者會有少數人誤認為不甚道德：明知南洋煙草公司是「如假包換」的國產，可塞漏卮，何必予以無情之打擊呢？此乃似是而非之論，我要替他老人家辯明的。因捲煙是消耗品，亦即奢侈品，絕不是非吸食不可的，與關係民生之「柴米油鹽」性質完全不同，倘若你真的要表現愛國精神，你能夠完全不吸捲煙，豈非更合衛生之道？語云：「士為知己者用，女為悅己者容。」英美煙公司肯授權霞公，一切任其指揮，虛左以聽，霞公接受了公司的全權委託，他謹守崗位，忠於任務，是無可非議者。何況霞公家中有金釵十二，兒女八九人，孫兒、孫女不計其數，一家數十口，都要吃飯的。難道要老人家坐以待斃，或坐以待「幣」嗎？既然有了這一個良好機會來臨，如何可以任其「走雞」呢（粵諺，走雞是失良機）？故霞公這一幕喜劇的做法，是可以予以同情的。

四、燈下憶舊事，轉眼四十年

南洋兄弟煙草公司設在廣州市長堤之西濠口，在民四與民五兩年，路人竟皆認為那是日本人之產業，人皆望望然而過之；有親友在該公司服務者，亦不敢入去過訪，以避嫌疑。記得我有一位老友簡琴石，名經綸，又號琴齋，原任南洋煙草公司的交際主任，風潮未發生之前，我常到該公司訪問他的，風潮發生後，我亦不願到該公司，如要和他見面，只得函約其同到茶室茗談。

有一次我們話及這幕風波，簡琴石曰：「江霞公太史是時勢造成之英雄，天賜這機會給他，而他又能善於利用，順風駛帆，居然成其大功，我輩唯有甘拜下風，此時無話可說了」云云。

此事距今已四十年有餘，琴齋晚年在香港文壇頗富令譽，能書、能畫、能詩，刻圖章尤佳。數年前已身故，其夫人洪順英女士，現尚僑居本港，我與她話及舊事，尚為之唏噓不置。

第十四章　我與江霞公太史父女（十三）

猶憶筆者與江畹徵小姐第二次見面時，事在民國六年，那時正是霞公太史的黃金時期。是年秋，國父率海軍南下護法，國會議員數百人，先後莅粵，皆曾做河南「太史第」的座上客。當年盛事，思之如昨！

一、關於佣金數目敬答讀者

前文發表之後，迭接港、澳及海外許多位讀者來函質詢，大意均是謂：「霞公太史昔年接辦英美煙公司的廣東總代理，每年所得佣金，何以會有三十萬元至五十萬元之鉅？扣佣如何計算？既然每年獲利三數十萬元，在三四十年之前，這數目實在可觀，何況其時物價廉，幣值高，何以到了歲暮，尚會入不敷出，需要預借來年佣金，方能卒歲，實屬使人難信」等語。

查當年英美煙公司與霞公太史所訂之合約，我未見過；佣金如何扣法，事隔日久，亦已遺忘。日前讀香港《華僑日報》經濟欄所載，香港、九龍和新界全年銷售之捲煙，去年約值港幣四千萬元之譜（指最近幣值）。現在港九人口號稱三百萬，三四十年前之穗市，人口不到一百萬，唯霞公太史是全省總代理，連同外縣計算在內，大約昔年英美煙公司在粵銷售捲煙的價值，是約在港幣二千萬元上下（是指戰前的幣值）；最暢銷之年，會超過二千萬元，淡銷時約一千餘萬元。

三四十年前捲煙之流行，不如今日之盛，內地人士尚有多數吸食土產之「針」嘜熟煙，或福建條絲煙。就是霞公太史本人，生平只吸鴉片煙，及用水煙筒吸食條絲煙；數十年以來，我從未見過他吸食捲煙的。由民四至民八，是為英美公司捲煙在粵最暢銷時期，亦是霞公太史入息最豐時期，每年約在三五十萬之譜。

民八以後，南洋兄弟煙草公司大做其善舉，凡有慈善事業，無不捐輸巨金，爭取人心，一般人亦已明白南洋公司並非日本資金經營，因此逐漸恢復其市場，其業務仍可與英美煙公司分庭抗禮。

二、議員數百位皆是座上客

至於霞公何以每年有三五十萬收入仍患入不敷支？其原因不外乎「奢侈過度」四個字。民六，是霞公太史之黃金時期。是年秋，國父率海軍南下，以「護法」號召天下，國會議員數百人，先後隨同國父蒞粵，議員可算是全國的優秀份子，人才濟濟。霞公太史之第三公子江叔穎，亦是眾議院議員。江廚所製精饌，久已馳名遠近，不特可與袁子才的隨園食譜，後先媲美，且或過之；各省國會議員抵粵，多數食指大動，要求江叔穎稟明其封翁賜宴。

霞公太史一生是豪華蓋世，不會吝嗇的，唯江府廚師所製筵席，最好是做兩桌，最多做到四桌，過多則味道遜色，國會議員數百人之多，只得排日招讌，每夕宴客三桌或四桌；除了國會議員之外，要人如唐紹儀、伍廷芳、胡漢民、汪精衛、程璧光、林葆懌等，當然也在柬請之列。一連宴會十多晚，然後畢其事。筵席所用之材料，當然是選用最上乘之品「鮑、參、翅、肚」，應有盡有，不在話下。

國會議員蒞粵，是在民六之中秋前後，初次是用翅席招待。是年冬，蛇羹合時，國會議員之籍隸外省者，多不敢嚐，霞公太史喜客，命其三公子叔穎，探詢各議員嗜食蛇羹者，由叔穎開列名單，如前排日邀請。

湖北省國會議員劉成禹（字禺生）是老同盟會員，國父之畏友，著有詩集一厚冊，曾以一冊贈我，可惜現已遺失，記得集中〈詠蛇羹詩〉有句云：「大嚼蛇羹討江蝦。」可謂有詩為證也。

三、花錢如流水只為擺排場

霞公太史宴客所用之酒，亦屬駭人聽聞，其時貴州茅臺酒未有運至粵，山西汾酒至粵者亦不多，穗市紹興酒雖多，但為霞公所不喜，僅廚師調味用之而已。所以，霞公宴客，照例是使用洋酒，絕不用土酒。倘是宴貴賓，用最名貴的八十年拿破崙白蘭地酒，常出重價派專人赴香港搜羅。世上最普通之「三星斧頭」嘜白蘭地酒，他亦嫌太尋常，普通宴客，亦慣用（FOV）白蘭地（價值比「三星斧頭」嘜為貴），太史第中，常時貯備十箱、二十箱之多。三國時代北海孔融，史稱其「座上客常滿，樽中酒不空」，千古傳為美談。若以孔融視霞公，猶如小巫見大巫矣！

夫以奢侈程度，至於此極，豈非怪傑？大約霞公太史的腦中，絕未想到有一個「儉」字，更不會有「吝嗇」兩個字，不特是揮金如土，簡直是揮金如流水一般，任情揮霍，毫無限制。倘若有人問他：「破費如許金錢宴客，有何企圖？」想他自己亦會啞然失笑。

他的的確確是絕無企圖的，自從民二以後，他已經絕意仕進（上文已詳），此時他取得英美煙公司的代理權，收入如此之豐，時時刻刻有最上等的享受，已經心滿意足，大有「南面王不易」之概。其宴客如此奢華，其唯一之目的，是要表示出本人的「闊佬」排場而已。

四、與畹徵小姐第二次暢談

當年霞公太史在廣州市河南同德里太史第中，一切奢華行動，大都是我所親眼目擊的，絕無絲毫杜撰與渲染。至於霞公太史少年、中年時，先後偕其同輩友好在廣州之「穀埠」、「東堤」、「陳塘」各處飲花酌，呼妓侑酒，高興時甚或留宿，想當然也是格外豪華。但我是晚輩，偶然在鄰座遇見則有之，未曾試過隨他同遊，所以他在妓館的豪華態度，我未有親眼目擊，亦未能道出隻字；所能道出者，僅宣統三年在東堤妓館「現寶」一幕而已。試觀太史第中，藏金釵十二，僅二姨太是「鄉下女」，九姨太是由婢女收起，其餘概是花界出身，即此一點，霞公太史在「千金買笑」

之場合中，其手段之闊綽，可以思過半矣。

本文已經寫過十多節，凡數萬言，尚未寫到我與我的繼室江畹徵小姐戀愛的經過，主編姚立夫兄曾向我催促，提前報導一點，以饗讀者。我的個性，本來是「士無不可對人言」的，我於民十七悼亡，民十八始思續弦，迄民二十三，乃再結婚。現在寫霞公太史事蹟，不過敘至民六，以序幕言，甚難提前著筆，既承姚立夫兄敦促，又不能不交代一下，偶憶民國六年我和江畹徵小姐第二次見面交談，尚頗有趣，茲述之於下。

五、冠蓋滿客廳，騎樓一席話

江叔穎三兄自小和我是要好的朋友，倘遇霞公太史宴客，名單中有我相好或認識之人，叔穎兄必以電話堅邀我到敘。霞公準備宴請全體國會議員時，第一天當然先請參、眾兩院的議長及副議長林森、吳景濂、王正廷等，並請要人伍廷芳、唐紹儀、胡漢民、汪精衛等作陪；叔穎兄即電約我到敘，一面電囑粵籍議員葉夏聲偕我同行。我食指已動，自然樂得應約而往。下午六七時左右，眾賓齊集，大家都集聚在客廳中聊天。

太史第之大客廳，對面樓上是有騎樓的，在騎樓可以望見客廳的人物。當時，江畹徵小姐偕其同懷妹畹貽，在樓上騎樓憑欄觀看客廳的貴賓。我在樓下之天井，望見她倆，初僅微笑打招呼而已。俄而叔穎兄登樓如廁，經過兩妹身旁，兩妹挽著其三哥，要求指示她倆知道諸賓客中，某人是某人。叔穎兄因如廁心急，答曰：「我要如廁，且甚急，未暇一一對你們說明。汪希文五哥你倆認識的，我請他登樓，你問他好了。」說畢，叔穎步下樓梯，堅拉我登樓，口稱有差事派給我幹，我只得如命。

叔穎即以這任務交給我，我如何能辭呢？乃為之一一指示之曰：「最老的是伍廷芳，坐其左便，戴著大眼鏡的是唐紹儀；唐之左方，頭殼特別大的是吳景濂（綽號「吳大頭」）；吳之左方是林森；胡漢民是你們認得的，坐在伍廷芳之右便是。」

六、憑欄送高帽，羞煞姊妹花

畹徵小姐又問曰：「坐在胡漢民之右便者是誰？」

我答曰：「這是我的四叔汪精衛也。」

畹徵小姐曰：「怪不得你的相貌頗似他。」

我答曰：「此不足為奇，他像他的父親，我像我的祖父，便會有部分相似了。但我四叔身材高大，身體健康，我所不及也。」她倆至此默然。

我乃恭維她倆曰：「前年在府上一面，不覺隔了兩年，你兩姊妹快高長大，比前年更加美麗了。」

畹貽十二小姐曰：「汪五哥真會製造高帽。」

我答曰：「這高帽是合戴的。」

她倆微笑而不答，我再恭維她倆曰：「我讀《三國演義》，喬公有二女，在江南有豔名，馳譽遠近；我以為霞公世伯也有二女，在河南豔名更熾，足與喬公媲美了。」

畹徵小姐曰：「汪五哥的高帽，送完一頂，又送一頂，愧不敢當。」

我答曰：「喬公二女，大喬嫁孫策，小喬嫁周瑜，均是一時俊傑，未知今者誰人是孫策、周瑜，可有豔福娶到你兩位呢？」

她倆聞我此言，面色忽然紅起來，一溜便走。

此時叔穎兄已由廁所出來，我將剛才經過情形告與他知，相與一笑而下樓。

前文曾經敘過，民四年時，是我第一次與畹徵小姐談話，那時她年方十歲，大約因先天好，已像是十二三歲女孩子。此時是民六，畹徵小姐十二歲，像是十四五歲的了。這回是我和她第二次談話，是民六秋間事，思之如昨。

第十五章　我與江霞公太史父女（十四）

筆者按：我寫此文，一瞬便寫到第十四節，信手拈來，頗覺零亂，唯一可告於讀者的，僅一切記述，據事直書，力求存真而已。

我因年事已高，精力有限，曾向編者表示要休息一下。無奈編者先生仍舊殷殷索稿，並且安慰我曰：「此文雖以霞公太史為題，但霞公一生交遊廣闊，識萬般人，一提到霞公事蹟，無形中即可反映出當時的社會情形甚至政治暗流，點點滴滴，彌足珍貴」云云。我最怕人向我送高帽，既然送來，只好勉強戴上，再往下寫吧。

一、霞公有賢媳，松柏耐歲寒

霞公太史子女眾多，除幼殤者不計外，有七子五女。長公子年將及冠時，霞老為之文定吳氏女為媳婦，不幸長公子未娶而早逝。清末，風氣尚未十分開通，一般女性，尚為舊禮教所範圍。吳氏女聞未婚夫死訊，自動要求赴江府奔喪守清，須「生為江家之人，死為江家之鬼」，表示從一而終之義。霞公太史憐其志，迎之歸，視同己女，待之厚。女僕呼之為「大少奶」，霞公之兒女則呼之為「大姊」，我亦以「大姊」稱呼之。以壽終。她能「獨抱松柏耐歲寒」，亦殊可敬！若以近代女界的作風批評之，必譏她是傻瓜，是愚人。唯就吾國傳統的精神文明而言，亦自有其真價值在。

吾人讀文天祥〈正氣歌〉有句云：「為嚴將軍頭，為顏常山舌。」文天祥情願斷頭，不願投降為元朝宰相，果何故哉？重視忠貞，唯求心之所安而已。所謂天地間浩然之氣，唯信仰「唯心論」者乃能之，倘信仰馬列所主張之「唯物論」，江大少奶早已改嫁，文天祥亦必投降敵人、為敵人宰相，其價值豈非有上下床之別乎？

穗市的下級社會，「憎人富貴，厭人貧」，此是很普遍的惡習。有些人妒忌霞公太史的富貴繁華，每有詆毀江太史第為「污糟窟」者。我今日舉出江大少奶不朽的義行，這是江太史第光榮之故事，特假此文而順筆表彰之，江大少奶足以千秋矣！「大姊」死而有靈，諒必含笑於九原，在冥中稱謝「十一姑爺」於無既矣（江大少奶平日稱呼我為「十一姑爺」）。

二、叔穎三公子鍾情曹小姐

霞老次公子仲雅，曾任廣東省議會議員，今尚旅居香港，年在古稀外了。前清末年，霞公為之授室，雖沿用「父母之命，媒妁之言」的舊制，此時霞老的頭腦，已經舊中有新，使用文明結婚典禮，除請名人證婚、致詞外，新翁致訓詞，禮儀相當隆重，婚禮的節目，一時稱盛。當時省、港各大報，均有詳細記載，報導其盛況。倘有圖書館上藏有昔年舊報紙者，今尚可以覆按的。

霞公太史第三公子叔穎（名汝聰），自幼有「美少年」之稱，況是名門公子，為人漂亮，早歲身為眾議院議員，位尊金多，不知顛倒了多少嬋娟與蛾眉！叔穎則鍾情於一位曹小姐，與之自由戀愛。不久，實行同居，現在蜚聲於影壇之梅綺女士（江端儀），即為曹氏所出。

叔穎本已決心與曹小姐結婚，但未敢秉命於霞老。霞老已經微有所聞，但叔穎既未秉命，老人家亦詐作不知。霞老與其老友王某，至為投契，常時杯酒言歡，兩位「老友記」，雙方都特別要好，提出要對親家，王某答允以女許配叔穎，霞公太史酒後高興，一諾千金，擇期竟下文定。叔穎此時始以與曹氏女有了婚約為詞，請霞老收回成命。霞公太史的主觀很強的，不允叔穎之請，謂：「我已經答允王家，萬難失信。」繼而又教訓叔穎曰：「你可以效法我之多妻主義，可無妨也」云云。叔穎因此亦樂得享有齊人之福了。

三、一串大炮仗震撼五羊城

叔穎與王小姐結婚，事在民七之冬，此時正是霞公太史之黃金時期，收入英美煙公司的佣金最豐裕，何況霞公於諸公子之中，常稱譽叔穎最似他，認為是肖子。霞老於所生子女中，男兒最疼愛叔穎，女兒最疼愛我妻畹徵，此為江家親友咸知之事。是年為叔穎完娶，又是太史公「水頭」最充足之秋，其排場之闊綽，可以不言而喻了。

江叔穎三兄榮娶大典，怎樣排場呢？雖然事隔四十年，我尚能一一記憶，絲毫不會遺忘。河南同德里的江太史第，房屋是六開間，東便有大花園，倘即設宴在府第，地方是足用有餘的。但霞公太史要擴大其慶典，改為設席在廣州河北之西堤，大新公司七樓、八樓兩層酒菜部及六樓旅館部，凡三層全部被包用（按：大新公司面積既深且闊，大廈本身高八層，天臺之上，再加建小型樓宇四層，共十二層，在民初時代，為穗市最宏偉之建築物。民二十七，日寇陷廣州，當局焦土抗戰，付之一炬，僅餘軀殼，迄今未克重建）！

喜筵（即梅酌）設在七樓、八樓兩層，六樓旅館部用為招待賓客坐談或搓麻將，或大開賭局遊戲之用。是夕，賓客雲集，人數之眾，與酒席開了若干百桌，數亦難計。兩層樓廳仍不敷用，唯有先開一輪，散席後又復續開。我是被安排在第一輪入席的，因筵席數目多至如此，材料雖上乘，菜肴味道不會好，我因客擠，終席即自行散去。主人太忙，我亦不暇告辭了。

但有一件事，可稱空前之舉，印象至今在我腦際：粵俗梅酌開席，照例要燃燒炮竹。霞公太史先期命人在東莞訂製一盤大炮仗，長數十仗，由大新公司第十二層最高處，將長炮仗吊下至馬路面，於開席時開始燃著。燒過了一丈零，由頂樓最高處又放下一丈零。指定三人在頂樓司其事，數十丈長的炮仗，陸續緩緩放下燃燒，炮仗聲不絕於耳，大約將近一小時，這盤大炮仗乃克燒完。回憶當時我在筵席上，欲和鄰座朋友談話，成為一件困難之事，為不絕之炮仗聲所妨礙也。霞公太史這樣的玩意兒，豈非空前之舉嗎？大膽些說，竟是絕後之舉亦未定呢。

四、伍廷芳博士致詞的風趣

霞公太史中歲悼亡，早年所娶二姨太，是鄉間人家女，無所出，一向留她在鄉間主持田務以及鄉間家事。穗市太史第則由三姨太布氏當家。布氏生一子兩女，子名「譽題」行九，女即畹徵、畹貽，行十一，及行十二，是子女同排。霞老與三姨太布氏伉儷最篤，與霞公最友好的「老友記」多人，屢次極力主張霞老將三姨太布氏扶正，改稱太太。霞公亦贊同，眾兒女亦一致勸進。唯三姨太布氏自己本人不願意，謂不必多此一舉，卒未舉行。

民九，霞老為譽題兒完娶，新婦吳氏，是霞老長媳大少奶之姪女。霞老從前所娶各媳婦，是參用半新半舊之禮，新婦坐大紅花轎入門，戴鳳冠、著霞帔的；這回完全使用新式禮儀，新婦披頭紗，著新式禮服。記得是敦請伍廷芳老博士為證婚人。伍老博士致詞，相當幽默滑稽，大致謂：「風氣因時代而遷移，宜於古者不宜於今。即夫妻制度，我們老一輩的，喜歡多妻者，自然可以多妻，老人亦樂得享受多妻之福；此風現因時代變遷，新風氣採取一夫一妻之制，新郎是新人物，應該接受新文化，尊重『專愛』之說，一夫一妻同諧到老好了。此時我們老一輩者尚可以納妾，新郎永遠不可有立妾的念頭，我所貢獻給新郎的說話，要言不煩，這幾句便夠了。我仍要鄭重聲明，這幾句話，是貢獻給新郎聽，而不是貢獻給新翁聽，新翁當然是可以如韓信之將兵，多多益善的。」

說畢，眾來賓哄堂大笑。伍老博士真不愧風趣人物也。

五、盈盈十五的江十一小姐

民七，江叔穎三兄舉行結婚典禮，是日間在河南江太史第行禮，我雖然有到賀，因眾賓雲集，客人太多，禮成我即先走，未有遇見畹徵、畹貽兩姊妹。江府晚間招待男賓在大新公司酒菜部飲酌，女賓是仍在太史第中宴會，現在追憶，在叔穎兄的婚禮當中，我並未有機會與畹徵小姐談話。

迨到民九，譽題九兄結婚，梅酌即設在河南太史第，我由午後至夜，都在江宅與眾友聊天。黃昏時，梅酌尚未開筵，我望見畹徵、畹貽兩姊妹在江府影堂的天階（影堂即供奉祖先之廳堂，俗稱「神廳」），徘徘徊徊。屈指計之，此時畹徵已是十五歲，畹貽十四歲，將屆二八年華，長得份外標緻；頭上戴著珍珠砌成的珠花，耳朵戴著火鑽的耳環，此外則頸鍊、手鈪、戒指等飾物，應有盡有，不是珍珠、火鑽，便是翡翠、綠玉，珠光寶氣，異常奪目。民九時代，旗袍之風未興，婦人是著短衫長裙，少女是著短衫長褲，兩姊妹均梳辮，她倆均是絕頂聰明人，神采煥發，這樣的天生麗質，已經是秀色可餐，何況是日裝扮成「花枝招展」，真可說是搶盡鏡頭了！

六、所謂「好花看到半開時」

那時我三十一歲，家中已有愛妻（未曾悼亡），當然不會生野心的，但為好奇心所驅使，又何妨走去和她倆攀談一下呢。於是我便鼓著勇氣，開口先向她倆曰：「恭喜恭喜！」她倆相視微笑，又向我點頭。

畹徵小姐曰：「今晚至緊飲多杯。」

我答曰：「多謝多謝，我今晚一定不醉無歸。」

畹徵小姐曰：「你飲畢散席，要回去小北門那樣遠，又不可飲得太醉，你不看見我爸爸書齋中所懸掛的聯文云：『美酒飲教微醉後，好花看到半開時。』這對聯的意思真好，飲酒到了半醉，便好停止了。」

我答曰：「十一小姐的說話，甚為合理。但飲酒之人，有時是不由自主的。」

畹貽十二小姐對乃姊曰：「家姊何必勸渠少飲酒，倘若醉了，三哥自然會招呼他在客室住宿呢。」

我答曰：「我何敢在府上如此騷擾呢！」

少頃，我又曰：「頃間十一小姐所唸出之聯文，『好花看到半開時』，現在你兩位小姐，真可稱為『半開玫瑰』了。」

說畢，她倆笑，我亦笑。

三人談話，是不宜打斷的，我要在枯腸中想出談話之材料出來。眉頭一皺，想出來了，我問她倆曰：「前年府上娶三嫂，新娘是戴舊式的鳳冠霞帔，今年娶九嫂，新娘是披新式的頭紗，你倆認為新式的好呢？抑或舊式的好呢？」

晼徵小姐曰：「新式有新的好，好在時髦；舊式有舊的好，好在莊嚴。」

我答曰：「將來到了你倆結婚時，是喜歡戴鳳冠霞帔，還是喜歡頭紗呢？」

晼徵小姐作微慍色曰：「你專門這樣撩人，沒正經，我真憎你。」

晼貽小姐曰：「我們不要理他。」即挽著乃姊之手入內。

此時我自悔失言，已無及矣。

我和晼徵十一小姐第三次的談話，於是又告段落。

第十六章　我與江霞公太史父女（十五）

筆者按：民十一年，廣東鬧出一件最不幸的大事，影響革命大業的前途甚巨，及陳炯明背叛國民黨，炮轟總統府，謀弒國父那一幕罪大惡極的怪劇。此事雖不是由霞公主謀，但他事前的確知情，要負小部分責任的。茲述其顛末於後。

一、先烈朱執信最恨江霞公

本文前經敘明，霞公是一位識時務之俊傑，前清宣統辛亥之秋（即雙十節），武昌起義，不一月，各省革命軍風起雲湧，廣東紳商在穗市之文瀾書院集議，霞公首先主張獨立，並且首先剪去辮髮。胡漢民就任廣東都督時，我親眼見霞公到都督府致賀，豈意胡漢民與他無緣，不甚接近之，霞公於懊喪之餘，乃轉向副都督陳炯明結交，嗣又代表陳炯明祕密晉京，覲見大總統袁世凱，替陳炯明輸誠，終能達成任務。到了民二，袁政府下令，胡漢民免職，特任陳炯明繼任廣東都督。因霞公幹過這一件事，深為先烈朱執信先生所不滿。

民四、民五兩年，朱執信奉國父命，在港、澳設立機關部，組織中華革命軍，謀倒踞粵之龍濟光，朱執信曾派李朗如祕密赴穗，遊說「福軍」司令李福林，囑其與駐兵西江之李耀漢合作，起義屠龍。李福林本是如假包換之「老國民黨員」，民國紀元前二年，與我先後加盟的，平日對朱先生是絕對信仰，本已有意行動，惜為霞公太史所力阻，此事已詳前文。朱執信先生以此更加憎恨霞公。

民六，國父率海軍南下，是年秋，霞公大宴國會議員，及國民黨諸要人（詳情亦見前文），獨朱執信先生一人不到，一見請柬，立即棄於地面，蓋舊恨難消也。

二、霞公一輩子未見過國父

霞公太史大宴國會議員及諸要人之後，以為可以取得國民黨諸要人之好感，他知道先叔精衛先生有「好好先生」之名，比較容易相與，曾託精衛先生為之先容，表示願意親踵大元帥府，謁見國父。霞公此時環境甚好，本無其他企圖，此不過是他善於「撈世界」手法之一，乃是無可非議的。精衛先生因係由巴黎返國不久，於當時粵局情形，不甚知其詳，既受霞公太史之委託，以為國父亦樂於接晤霞公，遂貿然為之先容。豈意不幸得很，適朱執信剛剛在國父左右，聞得霞公想來見，不由得勃然對國父曰：「江蝦是廣東著名的土豪劣紳，又名『斯文撈家』，素為士林所不齒。民二，江蝦代表『阿烟』（陳炯明綽號『阿烟』，因『炯』字與『烟』字相似，客籍人有不識字者，每喚為『陳烱明』，當時傳為笑柄，陳烱明因此起了『阿烱』的綽號）祕密到北京勾結袁世凱，免展堂都督職。民五，我派李朗如返穗遊說李登同（福林別字），與耀漢合作『屠龍』，乃李耀漢已有了行動表示，而李登同按兵不動，致令吾粵入了桂系軍閥陸榮廷之手，當時登同是中了江蝦之毒。此人見之無益，絕不可接見。」

說畢，顧精衛先生曰：「請四舅父用電話答覆江蝦，謂孫先生無暇接見可也，便是四舅父本人，亦請不必多與江蝦接近。」

精衛先生曰：「我昔年遠在巴黎，未詳此中底蘊，早知其人如此，不會替他通傳，此事自應作為罷論。」（執信兄是精衛先生之外甥，故呼舅父。）

三、太史煙榻上有一群怪客

經過這一幕，霞公太史終身未有機緣晉見國父。霞公賦性亦頗強項，既然請見不獲准，從此以後，亦不願再次請見，無形中等於與國父絕了緣。此是朱執信先生待人接物，過於謹嚴之失也。胡漢民平日不屑與霞公打交道，也是受朱先生之影響所致，霞公以此早已滿肚牢騷。

到了民十雙五節，國會非常會議，選舉國父為大總統，那時陳烱明已經不贊同此舉，廣東局面，形成孫、陳兩派，暗鬥甚烈。鼓勵陳烱明反對國父者，以其紹興師爺金章（字浩亭）為首，霞公亦同此主張。金章是在朝明目張膽主其事，霞公則以在野之身為之聲援。

當陳炯明叛跡尚未昭彰之時，我有一次赴廣州河南江太史第，欲訪江叔穎三兄一談，逕入客座，親眼看見有一班陳炯明的文武幕僚，在霞公的鴉片煙榻上，圍坐密談，喁喁細語。記得座上有金章、洪兆麟（字湘臣）、熊略（字公績）、黃強（字莫京）諸人，尚有數人，現已忘記。茲數人者，皆陳炯明極親信之左右，他們見我昂然而入，立即散開，改口談風月，說笑話，我也識趣，小坐片刻馬上告辭。

四、義憤填膺地擁護陳老總

不到一個月，葉舉由桂率大兵返穗，便有六月十六日之變，國父幾遭不測，幸而得參軍林樹巍等之力，保護國父避登永豐兵艦（後來改名中山兵艦），北伐軍將領許崇智等回師討賊無功，國父乃赴滬休息。是年冬，命葉夏聲潛赴廣西之白馬，策動滇軍總司令楊希閔、桂軍總司令劉震寰等，會師由梧州東下，討伐陳炯明，師次廣東之封川界首，廣州震動。

某日，我有意到江太史第，看看有何新聞與動態，恰巧又遇著金章、黃強、馬育航三人在座，都是陳炯明的死黨。霞公此時不知陳炯明之不中用，以為陳炯明尚有相當兵力，不會敗於楊、劉之手，霞公且大言炎炎曰：「我們的廣東，初次被雲南龍濟光占據，續後又被廣西陸榮廷占領，一再有亡省之痛，幸得陳老總前年率粵軍回粵，達成『粵人治粵』之願望。今滇桂軍餘孽，又復企圖蹂躪吾粵，是而可忍，孰不可忍？我們必須出兵抵抗，我江孔殷也願身赴前敵，參加作戰，免得第三次再見亡省之痛」云云。

說時義憤填膺，大有摩拳擦掌，準備廝殺之勢。霞公太史當日這一番議論，出在他的口，入在我的耳，雖已事隔三十七年，至今如見其人，如聞其聲。由是觀之，霞公太史當日之同情陳炯明謀反，自是事實，但他不過是給陳炯明以精神上的支持，未有實際的行動，這也是老實話。

五、金山輪船上巧遇姊妹花

陳炯明終不濟事，兵無鬥志，率其醜類，退守惠州。滇、桂軍兵不血刃，下肇慶、趨三水，廣州危在旦夕，先君子老早已避地澳門，霞公亦準備遷居香港，先命其兩位女公子——畹徵、畹貽，攜帶貴重細軟首飾，乘搭「金山」日船赴香港。

我那時鑑於穗市情勢緊張，一旦兵臨城下，戰事難免，亟思避往澳門小住。但那時由穗開往澳門之輪船，須每日下午四時始開行，且每日僅開行此一班，我恐午後來不及走避，亦於是日絕早登「金山」輪船往港，打算抵港後，轉往澳門。殊不料於無意之中，在輪船上遇見畹徵、畹貽兩姊妹，她倆同坐一間西餐房，剛在我房間之對門，未有露面，大約因攜帶貴重飾物在身，當小心謹慎起見，所以如此。時鐘搭正八點，「金山」輪船起錠，她倆始打開房門，我恰好正在門外踱步，彼此本來是相識世好，少不免互打招呼，由畹貽十二小姐先開口問我曰：「你們也是避往香港去嗎？」

我答曰：「非也，我家老早已遷往澳門，我因上午無船開往澳門，不得已先去香港，由港再轉澳。我恐怕滇、桂軍下午到廣州，所以早些避開呢。」

她倆聞言都微笑點首，我卻接著問曰：「何以僅得你兩位同行，府上各位呢？」

畹徵答曰：「媽媽昨日已先去港，我倆本定今日下午五時，隨同爸爸搭夜船的，嗣因風聲太緊，爸爸叫我兩人今早先行一步。爸爸因有事未辦完，今晚夜船偕同各位細姐一齊走」等語。

六、婚後談舊事，偶憶閨房樂

屈指計之，此時畹徵十一小姐十七歲，畹貽十二小姐十六歲（兩人均是農曆正月誕生的），正是豆蔻年華，如花似玉；比之前年相見，年歲漸長，態度亦矜持得多。

從前我幾次和她倆姊妹談話，以為她倆是年輕的小姑娘，常愛說些撩逗她倆的笑話。這回相見，她倆年紀又大了一些，態度更加莊重起來，我也只好擺出一派道學先生的面孔，不便再開玩笑了。到了午後二時，輪船泊岸，互打招呼，珍重而別。

到了民二十三，我因續弦而與江十一小姐畹癥結婚。

婚後，談及舊事，我曾問她：「你十七歲時我和你於無意之中，同乘輪船赴港，那時我看見你，神采豔異，已有消魂之感，不知那時你對於我，有何感想呢？」

畹徵答曰：「那時我不會討厭你。」

我再問曰：「『不會討厭』四個字的解釋，是否即係中意我？」

畹徵笑而不答，亂以他語。她的答話，真聰明，夠幽默，少女的心情，真微妙不可以思議也！

七、譚組安來粵，霞公返故居

霞公太史於民十一冬，攜全眷避地香港。他本是同情陳炯明的，見國父回粵，霞老遂在港做寓公者垂一年。翌年冬，知陳炯明大敗，已無作為，又聞譚組安將軍率兵到粵，已動返穗之念，因組安與霞公太史是會榜同年，交誼素篤，譚將軍此時是初次蒞粵，古人以「他鄉遇故知」為快事，亦急欲與故人會晤，遂馳函勸霞公不必羈旅香港，促其攜眷回里。

上文曾經指出，霞公支持陳炯明反叛，不過是口頭上與精神上之作用，尚無實際之行動，他與胡、汪雖然不是十分接近，仍有友誼，此時又得譚組安將軍之函邀，民十二歲暮，遂安心由香港攜全眷返廣州河南同德里故居。國父之胸襟異常偉大寬宏，斷不致有算霞公舊帳之理。加上朱執信先生已於民九殉國於虎門，此外再無怨恨霞公之人，因此樂得歸里，與故人一敘契闊。

民十三初春，這位好客的霞公太史，又要請飲「春茗」了。為鄭重其事起見，宴請其老同年譚將軍，不能不邀請貴客作陪。是日僅備盛筵一桌，開席時，以譚組安將軍是遠來之客，自然請其坐首席，胡、汪坐第二、第三席，孫哲生（科）坐第四席，此外陳協之（融）、胡毅（毅生）、李登同（福林）、李寶祥、四家兄蟄庵和我，大約是序齒安排席次。本來孫哲生比我年輕一歲，同席十二人，其齒最少，但他是當時得令的「太子爺」，而且官大（哲生其時為廣州市長），當然由我陪末席了（李寶祥是南海縣長，蟄庵兄是番禺縣長）。江叔穎三兄亦列席，賓主共十二人。

八、話匣打開，大談科舉問題

同席中僅譚組安將軍和霞公太史兩人是前清翰林院編修，是所謂「金馬玉堂」人客，胡漢民先生是光緒辛丑科舉人（榜名胡衍鴻），精衛先叔及陳協之先生均秀才出身，這五位算是曾經金榜題名者。江叔穎三兄及蟄庵家兄則是廣東高等學堂畢業，宣統二年，曾奉旨獎給舉人。

開筵後，眾嘉賓話匣打開，議論風生。談到科舉問題，譚組安將軍發言，深以清廷之廢科舉為大錯特錯之事，謂：「科舉雖然間中有流弊，但由唐、宋、元、明、清以來，屢代由科舉出身之人才，實在不少。必須有科舉，人才乃有出路。主張廢科舉者，每以科場有舞弊為病，此乃因噎廢食」等語。

霞公太史是識撈世界的會講話之人，首先和議曰：「譚公之言，實獲我心，請看胡、汪兩位之才學，倘科舉制度存在，兩公必入翰林，可以斷言，他兩位入了翰林，必能繼曾、左、胡、李之後，封侯拜相，可以無疑呢。」

這一頂高帽，果然為胡漢民先生所接受，答曰：「誠然！我中舉人之後，不久便廢科舉，已斷了我的出路！倘科舉不廢，我未必會入革命黨的。」

精衛先叔則默不作聲。

這一夕話，距今三十五年矣。

第十七章　我與江霞公太史父女（十六）

譚組安於民十二之冬，由湘統軍入粵。民十四國府在穗成立，改湘軍番號為「國民革命第二」軍。是以組安由民十二至十五年初秋，均駐廣州。組安固與霞公為同年友好，今總統蔣先生則與組安相當接近，以此因緣，霞公藉組安之介，獲訂交於蔣先生。當時蔣、譚二公常聯袂往訪霞公，對江府名廚李子華所製精饌尤為嘆賞，偶或坐談至深夜，享用一頓宵夜始興辭而去。

一、有朋自遠方來不亦樂乎

民十五之秋，廣州國民政府推蔣先生為國民革命軍總司令，統率大兵離粵北伐，從此蔣先生與霞公闊別十年，迄民二十五，胡展堂先生逝世，在粵稱第一集團軍總司令之「南天王」陳濟棠下野，廣東歸政中央，那時蔣先生改任軍事委員會委員長，來粵巡視，駐節於黃埔軍校舊址，霞公大喜曰：「有朋自遠方來，不亦樂乎！」使人通傳請見。蔣先生命人派電船迎接霞公到黃埔軍校把晤。

久別重逢，霞公的積愫太多了，那次謁見，足足坐談了一小時又五十五分鐘，為蔣委員長這次在粵接見來賓時間最久之第一人，時人稱為破紀錄之異數。霞公辭出回家後，與親友談及，亦以此自豪。唯霞公自言，蔣委員長曾頻頻命人換茶，此原是官場準備送客之表示，但霞公以蔣委員長不久便要離粵回京，此後不易再見，雖然經過蔣委員長多次命人換茶，霞公依然老是不告辭。

關於此一節，霞公可謂太過多情了，他不知那時蔣委員長任務繁重，安能抽出太多時間，和「老友記」聊閒天呢！霞公有多少犯著「電燈膽」的毛病（粵諺：電燈膽者，不通氣也。）當時又有人批評霞公，謂他這樣做法，是另有作用的，及今說來，真是天曉得了！

二、煙毒過深，弄得骨瘦如柴

有一件事，值得特別紀述的：民二十五，霞公已是七十二歲，他少年時，是公子身分，壯年以後，是大紳士身分，終其身享用優裕，早年即上了鴉片煙癮，已歷五十多年，煙癮相當重。他的體魄強壯，先天奇好，因狂吸鴉片的結果，仍不免弄到骨瘦如柴。

記得民二十五春末，胡展堂先生在粵逝世，在穗市中山紀念堂大殮，其時吾妻畹徵亦在病中，霞公欲往送胡氏大殮，約我同行。畹徵臥在床上告我曰：「爸爸年老，上車、落車時，你要小心扶持，切不可大意」云云。我與霞老既有翁婿之誼，加以愛妻如此吩咐，自然謹記在心。老人家登車、下車時，我用手持著他的手臂，驟然嚇我一驚，原來霞老的手臂，僅有一層皮，包著一條骨，已無肌肉的了！其受鴉片煙毒之深，可以想見（試觀最近粵伶文武生某君，亦因吸毒太多，瘦到可以被風吹得起，霞老當日的情狀亦如此）。

三、五十年老煙癮一旦戒除

蔣先生平對於鴉片煙，是深惡痛絕的。在民十五以前，霞公環境好，心廣體胖，煙毒未深，不會十分瘦。民二十五，蔣先生接晤霞公，看見他骨瘦如柴，與十年前判若兩人，因此力勸霞公，謂：「非戒煙不可，萬萬不可再繼續吸下去。」霞公亦深以為然。告辭之時，蔣先生再三殷殷以此事叮囑，握著霞公的手，問曰：「請問太史公，能否接納我的勸告，實行戒煙？請太史公說老實話。」

霞公答曰：「承委員長過愛，如此切實誥戒，我一定遵命戒煙，絕不食言。」

蔣先生又曰：「太史公此話，我期望能說到做到才好！」

霞公答曰：「委員長如此訓示，我感已銘心，即從今天起，實行戒煙便是。」

蔣先生笑曰：「好極！好極！」於是熱烈握手而別。

霞公歸家後，果然電約在廣州著名之西醫師黎鐸到太史第，商量戒除煙癮問題。但霞公諸姬妾及諸公子，以霞公年逾古稀，何必勉強戒煙，一致力持反對，恐因此而發生意外。獨黎鐸醫師極力贊成，謂：「檢查過霞公的身體臟腑，全部健康，倘能將煙癮戒除，不特身體可更趨強健，體重必可增加，壽元亦必延長」等語。霞公乃決意即日開始戒煙。黎鐸醫師每日為之注射針藥，悉心調理，果然於一個月零數日之內，將霞公五十餘年之鴉片煙癮，完全戒除，從此體重逐漸增加，三個月後，與未戒煙之前，果然判若兩人矣。

四、江畹貽小姐終身不再嫁

按下霞公之事暫且不表，且說民國十四五年間，畹徵、畹貽兩姊妹，既已屆雙十年華，是要論婚的時期了。霞公第九公子譽題兄之妻舅吳鏗，廣州嶺南大學畢業，中英文均好，相貌亦英俊，獨體魄稍弱一些。他到江太史第，具有兩重親戚身分：一則是霞公長媳婦吳氏之胞姪，俗呼「表少爺」；二則是霞公第九媳婦吳氏之胞兄，俗呼「舅少爺」。而這親上加親的兩重關係，輩份又不同，可說既親切，又複雜。因而吳鏗常到太史第謁見姑母和妹妹，自是應有之義。

據吾妻畹徵在事後告我，當初吳鏗是看中了她的，常和她接近攀談，曾經有過求愛之表示。畹徵本人則老是矜持，對吳不即不離。我問她：「何故？」畹徵答曰：「我未嫁時，常見各位哥嫂因小事吵鬧，夫妻多變成冤家，所以我早年對於婚事，不感興趣，我怕結婚。」因為畹徵當時無意於吳鏗，吳遂掉轉箭嘴向畹貽進攻，愈來愈積極。

畹貽與吳鏗接近不久，便卿卿我我地熱戀起來，大有欲罷不能之勢。但奇怪得很，此事不為霞公夫婦所同意，大約不外因吳鏗身體欠健康之故。吳鏗與畹貽戀愛成熟之後，他倆不待父母之命，實行同居。不幸得很，同居不久，吳鏗竟患急性肺癆，一病嗚呼！畹貽有遺腹子，產生出來，樣子亦殊標緻，極肖其父，不久亦殤。畹貽之命運，亦殊苦矣！霞公憐其遭遇，迎接她回家居住。後來畹貽在政府各機關服務，能自食其力。我於有機會之時，亦屢介紹職務與之。她終身不再談婚嫁，今已年逾知命，在本港新界大埔墟，充大方小學校長。我和她近年並不常見，大陸變色後，在港於無意中見過兩三次而已。

五、梅佳的命運果然比我佳

畹徵十一小姐既是霞公太史的長女，又是霞老最心愛之一人，其妹已先嫁，且青春守寡。畹徵那時年已及笄，尚待字閨中，霞老常以此事繫於懷，頗留心為之擇婿。霞公有老友梅老六者（忘其名字），是省港有名的殷商，其子名梅佳，比畹徵年輕一歲，甚為霞老所賞識；梅老六亦喜歡畹徵敦厚端莊。當時江、梅兩老，大有對親家之意。梅老六常時攜同其哲嗣到太史第坐談，那時霞公晚上是要吸鴉片煙的。

有一次深夜，畹徵已入寢了，霞公留梅氏喬梓食宵夜，並著女僕呼畹徵共食。女僕報稱十一小姐已入睡鄉，霞老竟命梅佳逕入畹徵香閨，呼醒畹徵起床食宵夜。這明明是霞公給一個好機會與梅佳，使其得親香澤。梅佳遵命入室催請，不意畹徵堅不起床，口稱眼倦，需要睡覺。梅佳不得要領而退。梅氏喬梓看見如此情形，亦不再做聯姻之打算了。此事亦是畹徵事後告我得知的。

我和畹徵訂婚後，某次相偕赴劉子威牙科老醫師處診治牙患，無意中遇著梅老六亦在座，劉子威介紹我與之相識，畹徵在旁，頗感靦腆。

民二十五，畹徵逝世，梅老六曾親到送殮，並致送厚賻，可見老輩情誼之重。梅佳則我始終未有會晤過，想現時尚在人間，他可避免悼亡之痛，命運確比我為佳，不負其大名曰「佳」矣！

六、睹畫如見亡妻，不堪回首

猶憶畹徵、畹貽兩姊妹在未論婚嫁之前，霞公的環境亦好，太史第中，一向延聘馮侗若孝廉（愿）在府第教讀。霞公看見兩個女兒皆敏慧過人，特加聘老畫師李鳳廷教授寫花卉。鳳公是長於工筆的，霞公謂工筆畫秀麗，女子學之最宜，故選聘鳳公為師（李鳳公現已年逾八旬，旅居本港，今尚授徒寫畫）。兩姊妹從師學習，因賦性聰明，當時有青出於藍之譽，作品甚多。

民十四五兩年，廣州往往有人辦慈善畫會，籌款賑濟。某次，徵畫於江太史第，霞公以其兩位女公子之作品數幀捐出，聲明標價至少毫券一千元起碼，結果悉數被人認購。其中有一幅，為我的亡友馮渭舫兄所得，下款署「蘭齋家塾江畹徵、畹貽姊妹合作」，右下方鈐「蘭王郡主」圖章。馮兄以毫券一千五百元認購。民二十五，畹徵身故後，家奠之日，馮兄來弔，談及此事，謂可檢出此畫，還贈於我，以資紀念。其雅誼誠屬可感。

畹徵逝世後，我珍重此畫，二十餘年來我居留過南京、上海、杭州、廣州、香港、澳門六個城市，此畫常在身邊。見此畫如見亡妻，同時亦可紀念亡友馮君。

第十八章　我與江霞公太史父女（十七）

民十五年七月九日，國民革命軍誓師北伐，那時廣州國民政府財政部長是宋子文，要負責籌集軍糈。宋氏知道霞老與英美煙公司有深厚交誼，特託霞老轉致該公司，先行墊借大宗捲煙稅。數目若干，事隔三十餘年，我已忘記，總之為數頗鉅。墊借有成議，蔣、宋兩公均曾對霞老表示謝意。關於這一點，後來國民革命軍北伐成功，霞公之功績，是應該記上一筆的，這是的確之事實。

一、在蘿岡洞創辦蘭齋農場

英美煙公司當時墊借大宗捲煙稅款與國民政府，此事霞公命江叔穎為之奔走甚力。後來國府定鼎南京，宋子文復任財政部長，此時江叔穎又有意出仕，乃遄程由粵至滬，在財政部駐滬辦事處謁見宋子文，道達求職之意。不圖事與願違，宋子文所下條諭僅委叔穎為財政部一等科員，叔穎失所望，拂袖而去。此無他，始終未能脫去公子哥兒的脾氣而已。

民二十，霞公太史之蘭弟李福林，已卸去兵權而下野。李在九龍新界之大埔墟，經營一所規模宏偉的農場，名為「康樂園」。福林勸霞公向他看齊，謂宜自食其力，不可長久依靠外國人，霞公深以為然。乃在番禺縣屬之蘿岡洞，闢地千餘畝，開辦「蘭齋」農場，種植荔枝樹及梅花數千株。此外柑、橙、桔、山欖等果品，均大量播種。在蘿岡鄉之蓮潭墟，建築一所別墅，相當優雅，霞老常與諸姬妾到此農莊小住。在山腳建築有工人宿舍，可以容納工人二三十名。據霞老自稱，先後投資約為港幣三十萬元之譜，其規模雖遠不及李福林之「康樂園」，唯在廣州附近地區之農場，「蘭齋」算是首屈一指者矣（「康樂園」資本當在港幣一百萬元以上）。

蘭齋農場除種植果樹之外，成績最超卓，而又著名於當時者，則為蘭齋養蜂場。選購意大利最優良之蜂種，年年繁殖，最多時擴充至數百箱之多。其所出產之蜜糖，極負時譽，產量最多時，且有大部分運到香港、上海推銷，每年獲利二三萬元不等。這養蜂場之負責主持人是誰呢？便是我的亡妻江畹徵小姐。

二、關於養蜜蜂的一個故事

民二十二三年間，劉紀文為廣州市長，曾主編《廣州年鑑》一厚冊，內容分門別類，材料相當豐富；其中農業一門，關於江蘭齋養蜂場經營之經過，由多次失敗而終能成功，霞公太史親筆撰述大文章一篇，洋洋萬餘言，極為詳盡。那時我曾經過目，深佩吾妻畹徵之才幹。可惜現在手邊無此書，我自己深感慚愧，我懂得食蜜糖而已，養蜂的技術，我是一個大懵，一些也說不出來。

我與畹徵婚後，夫妻之間，無話不談。關於養蜂之故事，她曾向我講述過一個驚險鏡頭，為我所不能忘。據說：蜜蜂繁殖甚速，一個箱不能容納太多蜜蜂，到了牠們生殖日繁，便要替牠們分箱，俾獲安居，蜜糖產量亦可增加。第一次替牠們分箱之時最危險，因為蜜蜂是集團生活，有靈性、能自衛的，動手分箱，牠們不知來意，誤會是要搗亂牠們的老巢。有一次，由蜂王下動員令，率領大隊蜜蜂，將畹徵小姐的面部，團團圍著。幸而戴有茶晶眼鏡，保護著兩眼；她的兩隻手，雖然戴著手套，但時值夏初，露出兩隻手臂，竟為蜂群所圍繞，一致向畹徵針刺，痛入心脾。此時陷入重圍，無法自拔，唯有聽其自然，依舊忍痛工作，替蜜蜂分箱完畢，然後罷手。這一役，畹徵的面部和手臂，均紅腫起來，身發高熱，急由蘿岡洞乘火車返穗，請醫生為之注射針藥多日，始獲痊癒。

三、生生醫院巧遇江氏姊妹

話說回頭。民十六以後，我於役南京，至民十七筆者之髮妻金氏病故，乃請假回粵料理喪葬事宜，在粵盤桓了一段時期。

因我早年曾在廣州光華醫學院學醫，有同班學友陳援庵（名垣，現充北京師範大學校長）。援庵的胞妹陳恪卿，及名醫梁培基之姪女梁憬熙，兩人亦在此學院畢業，但比我們低一班。她倆義結金蘭，矢志不嫁，以醫業終其身，蓋以臭男子為不堪親近也。並且合資在廣州之河南同福路棲柵南街，開辦一間生生醫院，取「生生不息」之意，專供婦女留產之用，一時業務甚盛。

筆者返粵後不久（民十七夏間）生生醫院新廈落成，同學們公份致送禮物，自是應有之義。陳、梁兩位女醫師設筵宴客，陳援庵適於其時由華北回粵，與筆者皆參與其盛。是日筵開三十桌，人數不少，我赫然看見江畹徵、畹貽兩姊妹亦在座。詢之恪卿姊，方知陳、梁兩位女醫師，已認畹徵、畹貽兩姊妹為誼女。

此時屈指計之，畹徵二十三歲，畹貽二十二歲。因畹貽新寡，兒子又殤，容顏略感憔悴；徵則年未花信，丰姿綽約，別有動人的風韻。我在陳援庵兄面前稱讚其美，援庵兄曰：「你剛剛悼亡，正好續弦，我替你作伐如何？」當時我因悼亡未滿百日，亡妻屍骨未寒，豈忍便議親事，力謝之。是夕我因心情不好，竟夕未與江氏姊妹交談一語。

四、江畹徵反對「非留不嫁」

我早年在社交上薄有微名，學問雖然淺薄，但家世可算是「書香」那一類。自從悼亡之後，忽忽經年，有已婚之某女同學曾戲謂我曰：「你此後無人管束，可以横衝直撞了。」所以，關於我的續弦問題，親戚、朋友多為注意。

我當時曾追求一位麥×孝女士，因與胡漢民先生之堂弟胡勉（衍鶚）形成情敵。胡勉彼時甫由美國留學歸來，追求麥女士至急，竟託人向我疏通，請我不必參加這場爭奪戰。時在民十八，正是汪、胡在政治舞臺各樹一幟、分道揚鑣之後。大胡、大汪如此，倘小胡、小汪復鬧爭風，豈非太過笑話嗎？我於是決心停止進行，心中依然是悶悶不樂。此一經過，既為親友們所知，遂傳為話柄。

當時女同學陳恪卿、梁憬熙兩位醫師，平日視我如小弟，她倆知道我失意，特自設筵為我解悶。我應約前往，不料江畹徵十一小姐已在座。恪卿見我登樓，喜曰：「你來正好，我們三缺一，打八圈衛生麻將。」此時的我，豈有不敬遵雅命之理？四人入座，畹徵恰坐在我對面，光豔動人，眉宇間有英秀氣。我此時名為乂麻將，實則一味顧住飽餐秀色，心不在牌。

恪卿姊平日是喜歡揶揄別人的，她知道我與胡勉之間的近事，譏笑我曰：「可惜你不是美國留學生，倘若你去留過學，便不會這樣了。」

我尚未作答，畹徵小姐插嘴曰：「美國留學生有什麼好處呢？去過留學之人，並不見得一定有用處，我不明白那些『非留不嫁』之人，是何用心？」

畹徵此言，明明表示同情於我，正是搔著我的癢處，我因此而更加暈其大浪了。我之所以向她追求，便是由她這幾句說話而下決心的。

第十九章　我與江霞公太史父女（十八）

交友要講緣份，國父與霞公太史，同是粵人，霞公比國父僅年長一歲，上文已敘過，但他倆一輩子未有會過面；原因固由於他與國父無緣，事實上則為先烈朱執信先生所阻梗。國父胸襟豁達，本無不願見之人也。

民十八至民二十五，防城陳濟棠為「南天王」，在粵稱雄八年。陳濟棠與霞公太史也是無緣，也是一輩子未有會過面，其中當然也是有遠因的。

一、古應芬不買江太史的帳

粵籍國民黨老前輩，除國父外，首推胡、汪及陳炯明，但朱執信亦是一位主要角色，他年齡雖然稍輕，但其魄力可以支配著汪、胡、陳，國父亦禮重之。僅次於朱執信者，則為中央監察委員古應芬（皆指粵籍國民黨人而言，外省人例外），此為黨中同人所共知者。霞公於諸要人之中，僅與陳炯明接近，可惜陳氏叛國敗亡。胡、汪與霞公是泛泛之交，談不到有深厚交誼。朱執信則對霞老之印象，最為惡劣，因霞老於民五以環境關係，曾阻止李福林起義討龍濟光，經過情形，已詳前文，茲不贅。

而朱執信平日之第二把助手，即是古應芬。自從執信於民九在虎門殉國，關於執信在廣東所負一切任務，國父蓋以古應芬承其乏。民十一，古應芬出任大元帥江門行營主任，糾合粵籍軍官，屯兵江門，獨樹一幟，集中四邑之財富以養兵，儼然為華南重鎮（我服務於行營籌餉處）。當時梁鴻楷、陳可鈺、李濟深、陳濟棠、陳銘樞、張發奎，一班粵系將官，均隸其下，皆由古應芬一手栽培出來。

古應芬以前既然是朱執信的助手，平日對朱先生是絕對信仰的，執信既不喜霞公，古應芬耳濡目染，亦不能例外。故陳濟棠任第一集團軍總司令時，我曾在旁親耳聽聞古先生面囑陳濟棠，不必買江太史的帳，又說了許多霞公的壞話，陳濟棠點首不已。所以，陳濟棠治粵八年，對於霞公至為冷落，甚至廣東省政府主席林雲陔亦未與霞公會過一面。

迄民二十五，陳濟棠下野，歸政中央。蔣委員長重蒞廣州，追念舊誼，派電船迎接霞公到黃埔軍校舊址久談（已詳前文）。後數日，蔣委員長告今副總統陳辭修將軍曰：「江太史是你岳丈譚組安將軍之同年，你可代表我前往回候。」陳辭修將軍奉命，某日晨早到江太史第，霞老尚未起床，先延入客廳。陳氏乃在客廳觀賞壁上所懸字畫，歷時半個鐘頭有多，老是站著，霞老出來接晤時，始讓之坐下談話。陳氏對老前輩之客氣與尊重，有如此者。

二、陳恪卿姊自願作「紅娘」

關於霞老事蹟，暫且按下。卻說我於民十八開始，決心以江畹徵小姐為追求的對象，陳恪卿姊亦有意玉成其事。

某夕在生生醫院飲宴後，我與友人在騎樓聊天，恪卿姊牽住畹徵的手，行至我面前曰：「十一小姐說，要求汪仔請食飯。」（我今已年老，人稱「汪公」；三十餘年前，人稱「汪仔」。）

我立刻答曰：「十一小姐要怎樣便怎樣，請小姐定期。」畹徵當時笑不可仰。

我又問恪卿姊曰：「當然要麻煩江府廚師，請問仁姊，客人若干？」

恪卿姊曰：「仍是今晚在座之客，兩桌足矣。」

我答曰：「好！客人請由仁姊負責代約，酒席由我負擔，菜價每桌發辦五十元，酒水與打賞在外。」

三十多年前物價廉，幣值高，五十元可與今日之三百元相比，有大裙翅可享的了。於是約定了日期，眾賓皆大歡喜。

語云：「不如意事常八九。」不料到了宴客之日，我上午便去整容修髮，午睡後養足精神，黃昏後，著了畢挺的西裝，施施然度江，逕到生生醫院，滿心以為今晚可以會晤佳人。不圖事與願違，陳恪卿姊曰：「江十一小姐患傷寒（西醫名為腸熱症），病倒在床，粒米不能入口，今晚不克赴席了。但江三太（晼徵生母）、江九哥、九嫂、十二妹各人皆到。」

我聞此訊，好像霹靂一聲，心中難過之極。不克會晤佳人事小，懸念其為病魅所纏則事大也（我髮妻金氏乃是死於腸熱症的）。是時我周旋於賓客間，勉作苦笑。恪卿姊有意弄人，頻頻舉杯勸飲，我均婉謝，附耳低言告之曰：「十一妹病，我滴酒不願入口了。」

恪卿姊竟將我的說話當場大聲宣布出來，於是哄堂大笑，累到我面紅耳熱。

光陰似箭，我那次由南京請假回粵，迅經一閱月，要回京銷假了。頻行我以電話詢問恪卿姊，打聽江十一小姐的病狀。恪卿姊答稱已經日有起色，脫離危險。我心稍慰，購金山橙一箱，託恪卿姊命人送去，聊表寸心。我因懷有心病，不敢履江太史第之門一步，陳恪卿姊當時不啻是我的一位忠實「紅娘」。

三、諾那活佛成全我的好事

我回南京銷假後，常致書江十一小姐問候起居，起初不過談述時事，遂漸不免涉及情話，愈來愈兇，且寄贈以生活照片。由民十八至二十二，未嘗間斷，最後膽壯起來，單刀直入，居然表示求婚。前後五年之間，都不過是用「書面」追求，足跡未有履過太史第之門一步。這樣的追求方式，縱然不是破天荒，但大約學我這樣的，亦斷不會太多。

民二十三，機會來臨了。原來霞公太史晚年信佛甚虔，江十一小姐信佛亦篤，當時南京蒙藏委員會常務委員中，有一位西康諾那活佛，道行甚高，生得大口大面，一貌堂堂，每逢星期日，在其寓邸說法，我亦曾向他皈依，相當稔熟。其時「南天王」陳濟棠亦佞佛，廣東佛教團體，取得陳濟棠的同意，派代表晉京，迎接諾那活佛蒞粵，主持消災法會，宏揚佛法，諾那欣然就道。廣東是從來未有活佛到過的，當時萬人空巷，跪迎活佛，甚至有人求得諾那一吐口涎，以為恩榮者。霞公亦率同全家男女晉見諾那，一致頂禮。

我追求江十一妹之事，已歷數年，為江叔穎三兄所聞，自動玉成其事，告十一妹曰：「我認為汪希文此人不錯，妹倘有懷疑，何不開心見誠，請求活佛開示呢？」江十一小姐深以為然。擇定一天，兄妹二人齋戒沐浴，同往晉見活佛。

江十一小姐叩頭請問曰：「我自幼本來無意於婚姻，願以丫角終老。乃有汪希文者，雖屬自幼相識，但不過是普通朋友之一而已，不審何故，五年以來，他一片癡心，向我追求，不知我前世與他有何冤孽？請問佛爺，有無解除業障的方法呢？」

諾那活佛很莊嚴地，合指一算，馬上答曰：「汪希文是我的弟子，在南京常見，他是一個端人，你和他有夙世之緣，應該共偕白首，你答允他之所求為是。」

江十一小姐聞得活佛如此開示，當堂出了一身冷汗，毛骨悚然，叩頭鳴謝而退。回家，將上述情形，稟告父母和諸兄嫂，眾皆向她道喜，其眾母及諸嫂咸謂既然無可逃於天地之間，不如早些答允之為愈了。

四、突接來信，幾疑身在夢中

民二十三之春三月，正是江南草長鶯飛之時，先兩夕，我的京寓，晚間頻有「喜鵲」來報，我方以為異。某日晨起，郵差遞來航空信一封，信面寫著「江緘」，我以為不過是江叔穎三兄來信而已。拆閱之，字跡韶秀，赫然是我夢寐所求江十一小姐給我的第一封親筆信也。當時的我，尚懷疑是在夢中。來書云：

希文五兄慧鑑：

常蒙賜來郵簡，五年來未有間斷，不遺在遠，感入五中，非敢不覆，自慚蒲柳之姿，豈足以侍奉大君子！期兄能回心轉意也。天涯何處無芳草耶？乃兄一往情深，抑何一癡至此！暮春三月，江南天氣正好，妹久聞杭州西湖名勝，常有出遊之念，徒以蜂場任務羈身，未許遠離。下月荔枝將熟，兄不嚐此，已閱數年，蘿岡荔枝，今歲豐收，兄亦有意歸來啖荔乎？欲言未盡，容俟面罄，諸維珍攝不宣。

妹畹徵手奏

我收到此信時，臥在床上讀之，讀完又讀，始躍然而起，自言自語曰：「好事近矣！」

第二十章　我與江霞公太史父女（十九）

我和江畹徵小姐的結合，觀上節所敘的經過情形，自然是由我主動，經過五年長時間的「書面追求」，直到民二十三之春三月才開花結果。「事無不可對人言」，本節所記，便是當年我和江小姐面訂婚姻的一頁往事。

一、請假回粵，孔庸老殷殷垂詢

當我在南京收到畹徵小姐給我第一封的親筆信，我閱後心中一想：五年以前，我不斷給她的情書，是企圖將她的「心」俘擄過來；現在她給我回信，約我南歸啖荔枝，於是形勢一變，變為她要俘擄我回粵了。

我究竟是「勝」？抑或是「敗」呢？自我批評，我是敗的。因我甘心立刻被她俘擄，無條件投降。在二十多年之前，我已經有了「交心」運動，要準備回粵將我的「心」，交與畹徵小姐了（「交心」是近日最新名詞，一笑）！

我於民二十三年之端午節前，在南京向財政部長孔庸之先生請予給假一個月回粵，我和孔部長的問答，約略如下（「問」是孔部長的問，「答」是我的答）：

問：你因什麼事請假回粵？

答：我要回粵續娶，因我斷弦已六年了。

問：和什麼人結婚？

答：對象是江霞公太史的千金。現在有信來約我回去，亦不過是有了頭緒，回去論婚而已，結婚尚未談得到。

問：江太史是我的熟人，名門閨秀，甚好甚好。霞公有信約你回去嗎？

答：不是，是江小姐的來信（我即在懷中取出江小姐來信呈閱）。

孔部長閱畢，微笑曰：很好很好，江小姐字跡韶秀，頗有父風，她在何處念書，你知道嗎？

答：她在高中畢業後，家中另聘馮侗若孝廉教習中文。

問：恭喜你了，你打算何時起程？

答：隨時可行。

問：你既然是為著婚姻大事而請假，當然可以照准。喜事完滿後，盼即回京，最好是雙雙回來。

答：謝謝部長的美意。

請假已奉長官批准，我即興辭而出。那時先叔精衛先生正擔任行政院院長，自然也要去稟明一番；先叔對我的婚事之進行，亦表示滿意。

二、久別重逢，蘿峰寺傾訴衷曲

民二十三端午節後，我即返粵垣，省視嚴親之後，即以電話通知江叔穎三兄。叔穎囑我即夕到河南江太史第食晚飯。我究竟臉皮不夠厚，覺得親身踵門追求，怪難為情，自問無此勇氣；我在電話中答覆叔穎兄，謂情願在叔穎家中相見。叔穎因兒女多，分居在河南同福路某號二樓，他亦表示同意，約定某日在他家中食午飯。我依時到敘，略傾積愫。少頃，畹徵小姐姍姍而來，和我面面相對，兩個人四隻眼，忽而相視，忽而垂低，一切的一切，心照不宣，盡在不言之中了。

回憶民十八，我在生生醫院見她，那時她是二十四歲，我四十歲，一別五年，她已二十九歲了。女子到了接近三十之年，芳容自然不及花信年華之時，何況她連年經理養蜂場的艱苦工作，沐風櫛雨，十分辛勞，當然亦影響其風韻。但情人眼裡出西施，我不會計較及此。何況此時我亦是四十五歲的中年人了，看見她玉容稍微憔悴，愈動我憐香惜玉之心。在叔穎家中食過午飯之後，約定翌日三人同乘汽車赴蘿岡洞啖荔枝去。

次日，三人同到蘿岡洞蓮潭墟江蘭齋農莊。食過午飯，聯袂參觀農場及養蜂場。同行至蘿峰寺門外，樹蔭之下有石，畹徵小姐坐在石上納涼，剝食荔枝。叔穎兄此時通氣，他借題有事，靜靜地去了別處，讓一個機會給我倆談婚姻大事。

男子向女子求婚，這是千篇一律的老調，不外乎皆是「埕埕塔塔」，不論編者、讀者、作者，大家都是過來人，如此如彼，都是一樣，我不願多所敘述。總而言之，我倆初次面談婚事，大約談了一個鐘頭有多，說話既多，也易遺忘，讀者諸君會比我更清楚，男女兩方初次當面論婚，一定不會即刻有結論的，女方總會表示一些矜持，無以名之，名之曰「半推」，下文當然是「半就」的了。

一個多鐘頭之後，叔穎三兄回來了，我倆當然停止再說婚事，三個人言歸正傳，飽啖一陣荔枝，即乘原來的汽車返穗市。叔穎三兄偕妹返河南，我返河北。臨別，我要求畹徵小姐翌日與我同遊穗市北郊之黃婆洞。畹徵尚有多少難色，不願馬上答允。叔穎兄鼓勵之曰：「汪五哥雅約，妹不可辭。」畹徵小姐始欣然答允。

三、再度出遊，黃婆洞一吻定情

穗市之北郊，有地名曰「黃婆洞」，在白雲山之後面，距離市區有十里之遙，從前是荒蕪之地，「南天王」陳濟棠治粵時，大力建設，廣築公路，汽車可以直達黃婆洞。該地建築有運動場、游泳池、涼亭等，並廣植樹木，風景優美。我倆是日仍在叔穎兄家中會齊起程，第一天遊蘿岡洞時，需要叔穎兄為伴，粵諺名曰「等磚石」。這次我倆拍拖同遊，不需要第三者參加了。

到達黃婆洞，我倆到處瀏覽風景，心裡明知「好事近」，樂不可支，最後在一株大樹之下，也是並肩坐在石上，我又提出婚姻的懇切要求，靠著我三寸不爛之舌，將她說服。她到了推無可推、欲罷不能之際，站起身來，俯下向我一吻，吻得相當有力。我真是傻瓜，到了這步田地，我尚未明白，尚發出要求嫁我的呼聲。畹徵小姐笑曰：「剛才我這樣做，豈不是已經答允了你嗎？」

我乃如夢初覺，喜而問她曰：「此處地名豈非黃婆洞乎？」

她曰：「然也！」

我曰：「那麼，天意註定你是我的黃臉婆了。」

兩人哈哈一笑，攜手下山登車返穗市。

我倆在黃婆洞雙雙坐下之石，大塊而平坦，我當時許下一個願，要刻石大書曰：「中華民國二十三年端節後十日，番禺汪希文與南海江畹徵訂婚於此。」俾得千百年後，留為古蹟之佳話，但此願迄未能償也！

男女的愛情，是漸入佳境的。以我倆為證，上次坐汽車赴蘿岡洞，我倆尚稍覺陌生，去時是叔穎兄坐中間，我和畹徵各坐近窗一面。由蘿岡洞返穗時則否，我倆談過婚事，已熟絡了，改由畹徵坐中間，我和叔穎各坐一便。去遊黃婆洞時，雖然僅得我倆同車，我很規矩，兩人坐處，有數寸的距離；經過面訂婚約後，回程時我倆比肩而坐，親熱異常。

歸途時在汽車中，畹徵詞嚴義正責備我曰：「你回粵已經多日，尚未去謁見我的爸爸媽媽，是無禮也！」

我答曰：「我畏羞。」

畹徵曰：「畏羞便不必來追我。限你明日來我家，謁見老人，你聽話嗎？」

我曰：「自當如命。」

四、返京銷假，江小姐依依惜別

我由民初至民十五，常有訪謁霞公太史，江府廚師的蛇羹，亦已食過不計其數的。民十六以後，我於役南京時間為多，偶然因事回粵一行，逗留不會太久。民十八起，開始以畹徵為追求的對象，既然是自幼相識，在別人必然勤到太史第，表示殷勤的誠意，可望於短期內成功。但我是傻瓜一名，不會這樣做。由民十六至民二十二，我足跡未有到過江太史第半步。我自問真的一無所長，單獨會寫情書，有人稱我為「情書聖手」，不無過譽。不過，我終歸是以情書收功效，諺云：「醜婦必須見公婆。」畹徵既已答允婚事，我是不能不謁見她的堂上老人的。

我仍膽怯，翌日，先到叔穎兄處，拉著叔穎陪同我去謁見霞公太史和江三太。兩老倒甚歡喜，留我食晚飯，談話和往時一樣。晚飯畢，老人情重，雇汽車送我返河北，那時海珠鐵橋已竣工了。

我這回謁見過霞老之後，託人一查霞公伉儷對於我的批評，那人後來告我曰：「你去後，霞公曰：『希文係幾好！』三太則曰：『人是不錯，可惜年紀大一些。』餘無別話」云云。

大事既已決定，雙方取得家長之同意，於民二十三之端節後十五日，在穗市的大報登出訂婚告白，敬告親友。是日，由霞公太史在家設席約飲。正在暢敘之中，發生一件不祥之兆：畹徵所飲之酒杯，給她錯手跌落地下，杯竟碎了。我和畹徵見狀，心裡均感不安，同席者一致愕然！霞老究竟聰明，善為解釋曰：「此乃開花呢，不要緊。」我心裡仍然很不愉快。

我的假期僅一個月，不久便要回京銷假了，決定是年冬月，再次回粵結婚。我搭廣九火車赴香港，候輪赴滬，畹徵到港送行，在港盤桓了數日，我乘搭總統郵船，買著一間單人房，愛人登舟惜別，難捨難離，情所難免。輪船啟行後，我行出交際室散步，遇見簡晴曼夫婦、簡又文、簡琴石諸君，皆是認識的。簡又文兄最聰明，目光最銳利，他一看見我，便笑曰：「你眼有淚痕，唇有胭脂，必有愛人惜別，可以無疑，快些招認吧。」他的說話，句句不差。簡又文兄今尚居港，不審他尚能記憶否耳，距今二十有五年了。

第二十一章 我與江霞公太史父女（二十）

我離港抵滬，即赴南京，返財政部銷假服務。抵京寓之日，即接江十一小姐的航空函，贈詩一首給我，詩云：「無限柔情無盡才，逸人風韻久名開。汪郎縱獲盈車果，不是知音也不來。」讀其詩，她愛我的真情，躍然於字裡行間了。詩中所云「盈車果」，是一很普通的典故，當為人人所共知，或有為部分讀者所未聞，茲特順筆一述。此典出於《晉書・潘岳傳》（即潘安）。潘以才貌見稱於時，每乘車出遊，群女以生果投擲之，所謂「擲果盈車」是也。這掌故相傳下來，歷千餘年，成為歷史上一件香豔的佳話。

江十一小姐的詩，是有所指的。我以她為追求的對象，歷五年之久，這期間內，也有不少麗佳向我追求，但我真如桄榔樹一般，一條心到尾，始終未有變志。追求我的麗佳雖多，我因心中已有鵠的，其他均不予理會。獨有一位女士，她追求我的殷切，和她身分之高貴，是令我難以忘記的。茲為證明江十一小姐詩中「盈車果」一語起見，將其事略述於左，作為本文一段插曲可也。

一、追求中一段插曲

有吳女士者（姑諱其名），安徽人，畢業於蘇州東吳大學法學院，在南京應高等文官考試及格，分發在江蘇省任用，江蘇高等法院委她為上海模範監獄女看守所所長。模範監獄設在上海漕河涇，距離上海市差不多有二十里之遙。我和她認識時，她約二十六歲，比江十一小姐稍年輕，相貌亦端莊凝重。我和她的哥哥稔熟，初在她哥哥家中相遇，她對我一見鍾情，知道我那時斷弦待續也。我則不即不離，與她並不十分接近，當作普通朋友一般。

有一次，我因事到上海，曾到漕河涇訪她，她引導我參觀女看守所，並留我食午飯，我飯後辭歸。翌日晨，她來大東旅社回候我，我亦留她食午飯，她一下子坐談至天黑，尚不去。我為了客氣，再留她食晚飯，以為她飯後一定告辭，不意她提議要去看電影，我亦勉強應酬之。散場後，她仍隨我返旅社，坐談至深夜十一時三刻，她尚無告辭意，我不得已，正色告曰：「你是有公務在身之人，不宜離開崗位太久，已夜深了，雇汽車送你回漕河涇，好嗎？」這等於下逐客令，不由得她不同意。我站起身，偕之下樓，在旅社門外，雇一輛「的士」，請她登車，我並付了車資與司機者。她曰：「你不能送我回去嗎？」我答曰：「我平日注意衛生，每夜十二時之前必就寢，請你原諒吧！」她乃慍然登車而去。此民二十三春初之事。

迨我事畢回京後，吳女士和我常有通信，書簡愈來愈密，由每星期一次，進而為兩三次，最後每日必有一信寄來，漸漸涉及情話。吳女士的情書，大致不外乎「自從我認識你，我腦海中便有了你的印象，這印象一天加深一天，我真的無法忘記你……」如此這般的「埕埕塔塔」，由初春至夏中，未有間斷。

她之以我為追求的對象，和我以江十一小姐為追求的對象，可說是一個正比例。在江十一小姐未有函約我回粵啖荔之前，真足已令我「意馬心猿」，見有這樣才情並茂的女士，對我如此青睞，倘若我無所動於中，方是奇怪。孟子曰：「魚我所欲也，熊掌亦我所欲也。」但二者不可得兼，因此有一短期間，我常以自己的矛，攻自己的盾，有時掛念江十一小姐，有時顧念吳女士。經過再三考慮，仍以一心一意對江十一小姐為是，對吳女士的信，唯有用「拖」之一法。

二、吳女士單刀直入

端午節前，我既準備回粵與江十一小姐論婚，由南京道經上海，不能不告知吳女士，乃以「回粵省親」為理由，用電話通知她。吳女士立即到旅社相訪，相將往兆豐公園一遊。同坐花園椅上，我很矜持地坐著，她忽啟齒問我曰：「你對於我，滿意未呢？」這是她的單刀直入，向我進攻了。我心中為之一怔，動腦筋一想：倘說未滿意，令她太難堪，我亦有所不忍；倘說已經滿意，等於答允婚事，一言既出，駟馬難追，無以對江十一小姐。正在進退兩難之際，眉頭一皺，計上心來，乃用外交詞令答曰：「我不會對任何人不滿意，不過終身大事，宜慎之於始，你現在或者僅知我的好處，須防日後發覺我的壞處，後悔乃遲。我們先做做朋友，婚事緩一步商量，豈不更好？」

吳女士聞言，為之啼笑皆非，但她仍如常小心伺候我，又能事事將就我。我看見她的二指與中指，被香煙薰到黃色，足以證明她是終日不停吸食捲煙之人。她來訪我，坐談十多個鐘頭，未有吸過一支煙。我問她何故不吸，吳女士曰：「我看見你不吸煙，所以我要決心戒之。」她有這樣的表示與決心，人是有感情的動物，我因此亦增加了對她的好感，倘若回粵婚事不諧，江十一小姐不能嬪我，我便準備向吳女一面倒的了。

三、江小姐醋海興波

我未回粵之前，在南京先後收到吳女士的情書一束，全數攜回廣州。與江十一小姐訂婚後，我將要離粵時，始將吳女士給我的信，付與江十一小姐一看。我並無別意，考驗一下她的態度而已。不意江十一小姐見了，竟發出怒容，謂：誤會以為我「真是桄榔樹一心到尾，原來不然，你實在是『花心』的。日前答允我的求婚是錯了，不如乘早取消吧，你不如趕緊返滬娶吳女士」。說畢，流起淚來，繼以哭聲，淚如泉湧。我明白這是女人的「醋味」而已，急用好言安慰，並將我是被動的詳細經過告給她知，又索取文房四寶，即席揮寫一函與吳女士，謝絕其求愛。此函措詞之大意如下：「我返粵後，將婚事稟命於嚴親，家嚴慮我娶了外省婦，等於我嫁給外省人，便永無返粵之期，老人堅決命我仍娶粵籍婦。孝悌是我們的家風，此事當無商量之餘地，無可奈何，萬望鑑諒。」此亦不過是外交詞令，藉詞推之而已。我原稿最後一行，本有「待之來生」一語，江十一小姐替我刪去，繼曰：「來生你也是我的，永遠輪不到她。」江十一小姐伺我將信寫好，親手封口，加貼郵票，仍信別人不過，持函親自投入郵局的航空信箱，這一段情海小風波，乃告一段落。夫妻、男女之間，吃醋是一件本份事，醋味愈深，愈能顯出愛情之深厚，不足以為異。江十一小姐寄詩，有「汪郎縱獲盈車果」之句，是指吳女士之事而言，若以愚魯無文之我比潘安，又豈我所敢安，慚悚而已。

我訂婚後由粵返抵滬，因急於回京，未有去訪吳女士；越一月，因事到滬，曾試一訪之，她竟擋駕，閉門不接晤；致書問候亦不覆，從此如同陌路人，連朋友都沒得做。我撫心自問，不能不承認我是「薄倖」且「負心」，不敢求諒，分身無術，唯有認罪而已。

四、願學鴛鴦不羨仙

光陰似箭，轉瞬到民二十三之初冬，我又請假回粵，準備與江十一小姐結婚了。這次返抵粵，發生一件小小難題，原來江十一小姐負責經理蘭齋養蜂場，由她一手主管，別人是不能稱職的，霞公太史伉儷提出意見，希望我婚後留居於粵，不願江十一小姐遠赴南京，老人家的主觀如此。

民二十三時代，是胡漢民在華南控制著國民黨西南執行部，及西南政委會兩機構；蔣、汪則在南京合作，共赴國難。汪、胡兩人分道揚鑣，胡先生的胸襟相當狹隘的，我如留在粵，此時是無法活動的，西南政委會成立亦已多年，人才濟濟，絕不會用到我，霞老不許我倆婚後回南京，確是一件小難題。

經過我再三考量，古之帝皇，輕江山、重美人，可見戀愛是神聖的，何況我不過是財政部一名小祕書，味同雞肋，食之無味，棄之可惜，我為尊重丈人峰心事起見，決意電京辭職，願學鴛鴦不羨仙。

是年重陽後一個月，我倆在廣州各大報，登出結婚告白，聲明國難期間，一切從簡；雙方家長亦同意不事鋪張，我倆同意使用「旅行結婚」方式，先乘輪船赴香港，以灣仔六國飯店為居停之所，聯袂登太平山頂、看大戲、看電影、看馬戲、上館子、大嚼海鮮、遊車河、旅行新界、遠至大嶼山，種種節目，應有盡有，在港居留兩旬，轉往澳門盤桓了十日，算是在港、澳度蜜月。

新婚期間，郎情妾意，閨房之內，自有甚於畫眉者。天下間有情眷屬，無不如此，已婚的編者與讀者，固然是過來人，已經嚐過新婚的滋味；便是未婚的讀者，倘能急起直追，不久之將來，自有領略此樂之一日，現在恕我不冗敘了。

第二十二章　我與江霞公太史父女（二十一）

此文寫至本期，已有二十餘節之多，文長至此，殊非始料所及，其中雖有若干故事似是節外生枝，而信手寫來，但求存真，亦不覺其言之冗，唯望讀者諒之。

江畹徵小姐與筆者婚未幾，即告香消玉殞，她不但是一位才女，而且是一位標準的賢妻良母，在本節裡，對於江小姐生前的操行，略做記述，以存其人。有善則揚之，固後死者之責，而筆者追懷往事，觸動舊情，不免一拭老淚也。

一、旅行結婚半新半舊

我和江畹徵小姐那次所使用的「旅行結婚」方式，在當時的社會風氣來說，乃是相當之「新」的了。因此，曾有許多位朋友批評我，指責我們太「新」。又謂當時我們雙方的家長均在養，而且皆是前清的老紳士，老人家們口裡雖不出聲，心裡一定不以為然的。云云。

我早歲讀聖賢書，記得孔夫子有云：「溫故而知新。」又云：「毋固毋執。」此孔子之所以成為「聖之時者」也。遇著時代變遷之際，為了環境而順應潮流，新舊參用，似是無可厚非的。我和江小姐「旅行結婚」確是相當之「新」，但我們絕不敢忘記舊禮，當我們雙雙回穗之第一天，我即偕妻回老家，祭告祖先，謁見嚴親暨諸尊長。先嚴仍依舊例，設席招待新媳婦，並命我前妻遺下之子女，拜見繼母。是日在老家設席，與至親一敘。到了第三日，當作三朝，我偕妻到河南同德里江太史第，行謁祖禮，拜見丈人峰以下各人，一切如儀。霞公太史設盛筵招待新婿，盡一日之歡。我們那次婚禮，可說是半新半舊、亦新亦舊，縱然不是「溫故而知新」，亦可說是「知新而溫故」了。

二、畹徵勸我不要做官

我和江小姐在香港度蜜月期間，係以香港六國飯店為居停，住在一間有浴室之房，騎樓面海，相當舒適。

有一晚，夫妻閒談，畹徵忽問我曰：「你對於我，滿意未呢？」

我答曰：「你這一問，是多餘的。我當然對你一切皆滿意，倘不滿意，我不會娶你。」

畹徵曰：「我希望你設法想出一些對我未滿意的地方，老實告給我知，使我自己知道改善，好嗎？」

我看見她有此至誠表示，經過考慮後，乃答曰：「你是一位千金小姐，自幼嬌生慣養，一生享用奢華，嫁著我這寒士，丁此亂世，我的光景不一定是好的，我怕你未必能吃苦。我所顧慮者，僅此一點而已。」

畹徵曰：「難怪你有此顧慮。我爸爸奢侈無度，是事實，我亦甚不以他這樣豪華為然，但我相信我自己是能吃苦的。」

我答曰：「何以見得，有何憑據？」

畹徵曰：「你不見我負責管理江蘭齋養蜂場的艱苦工作嗎？別的不用說，僅此一端，是我肯吃苦的明證。吾人生存世上，有數十年長久光陰，豈能終身都是順境？俗話說得好：『人生一世，不免有三衰六旺。』倘若遇著你的環境不良時，我一定肯吃苦，你慢慢便知。」

我曰：「你能吃苦便好極了。」

畹徵繼曰：「我無虛榮之心，我怕仕途的風波大，我絕不希望你做官。生逢亂世，平安便是福。我替爸爸打理養蜂場，經過我不斷之努力，已經有了良好成績，出品優良。我自己現在亦養有意大利種的蜜蜂十多箱，如能加以擴充，我是可以兼顧的，業務很易發展。單靠養蜂，已經可以解決生活了，何必在政治舞臺上招惹是非呢！」

我聞其言，極佩服其見識之高，十分高興，乃曰：「娶得你為妻，我不知幾生修到！」說畢，向她狂吻。

三、兒女眾多難為後母

當我和江小姐在廣州各大報登出訂婚告白，尚未結婚之時，畹徵小姐有幾位相好的親友，警告她曰：「汪希文雖然是書香世家，但他是一個書呆子，現在亦非做大官，並無多大的財產，你未經切實調查和考慮，何必輕易答允與之訂婚。」

畹徵答曰：「我是嫁其人，不是想嫁『錢』，倘若我是想嫁錢的話，我老早已經順從父命，嫁給港商梅老六之子『阿佳』了。」

親友又曰：「汪希文前妻遺下四子三女之多，最長者已經二十歲外，最幼者僅十齡，似此『七名』之多，非同一個可比，恐怕你不容易應付，多生煩惱呢！」

畹徵答曰：「管理一個，和管理七個，我視同一樣。我命中注定要為人後母，我便克盡做後母之責任便是。」

親友又曰：「似此你的前途，相當黯淡，不見得是好，還是三思而行，謹慎考慮為宜！」

畹徵又答曰：「自古皆有死，民無信不立，我一諾千金，既以身許人，自應甘苦與共，毀譽窮通，概不計較。」

親友見她如此堅決，也再無話可說了。

說老實話，其親友之言，句句是真，並無絲毫說錯，這一段姻緣，是我三生之幸，而是畹徵小姐之不幸也！

我倆婚後，自然與前妻所遺兒女同居，年齡較長的三個，分別在南京、上海讀書，在身邊者，僅較幼的四名，畹徵對待他們，真的視同己出，無微不至，我和她偶然去上館子，或看大戲與電影，都是攜同兒女偕行。小兒女每有過失，或者懶惰，我常予以嚴責或警戒，畹徵必多方為之調護，不使小兒女難堪，但她亦不是任情放縱，而是用好言循循善誘，將他們納入正軌，因此，皆視畹徵如生母一樣。小兒女偶有感冒發熱，畹徵輒於半夜頻頻起床為之餵藥，為之蓋被，噓寒問暖，向不大意。凡此種種，說出來，似乎是很普通的「庸行」，求之今日，豈可多得？稱之為「標準良母」，可無愧焉！

四、前妻金氏陰靈不散

廣東民間婦女，世俗所稱「三姑六婆」之流，相傳有一種迷信說話，謂為人繼室者，其人前妻之鬼魂，相當之猛，可能吃醋，說得鬼話連篇，像煞有介事也者。畹徵小姐未婚之前，亦曾有人以此話恐嚇她，但畹徵並不恐慌，而且表示：「我以至誠愛護前人遺下兒女，她當感謝我不置，哪會有妒忌我而加害於我之理呢？我無憂也！」此是畹徵小姐之通達處，頗難得的。

天下之大，無奇不有，確有不可思議之事。我於未起程赴港澳「旅行結婚」之前數晚，宿於老家中，深夜聞得我亡妻金氏之哭聲，嚶嚶而泣，入耳淒然。當初我疑在夢中，是心理作祟而已。翌日，聞先嚴及女傭之言，亦謂昨夜聽聞「五少奶」的哭聲（兄弟中我行五）云云。縱使我是癡人說夢，未必一家老少皆做同樣之夢，此事真要難倒科學家了。

民間習俗，凡為人繼室者，於入門時，須向丈夫之前妻靈前，叩頭致祭，心中默唸，尊稱之為「姊姊」，必須虔誠致敬，方可望其不致作祟。畹徵小姐是接受過新式教育者，平時不信鬼神，她到我老家入門時，未有執行此禮，入門後月餘，聞女傭傳言，始知我在婚前曾聞鬼泣之聲，畹徵從此心中有多少不安，我唯有用好言安慰之。

五、花好月圓人不壽！

婚後兩月，據畹徵對我說：某夜，夢見我髮妻金氏，面帶怒容，饗以巨靈之掌，醒後，腮下尚隱隱作痛云云。不久，畹徵頸部起了一個瘤，我初認為是淋巴腺發炎，不算十分嚴重的病，倘在今日，注射以「盤尼西林」一二針，便可痊癒，不幸二十多年之前，未有此藥發明，經過中西醫調治，兼用電療，皆無大效，偶然稍癒，旋又復發。遷延了一年有多，病根深了，民二十五之春末，我偕她往廣州東山鄺磐石醫院診視。磐石是我的同學，長於外科手術。磐石主張施手術，將瘤割去，畹徵表示同意。留醫旬餘，割後平安出院回家，她喜不自勝，以為從此脫卻苦海。乃不久，腋部、乳部、陰部先後作痛，繼而各處陸續起了小瘤，我急將最初割出之瘤，送中山大學醫學院檢驗，據院方簽覆，乃是癌瘤，倘若不割，尚可帶病延年，割去則癌毒流遍全身，勢必全身起癌瘤，結果必不治。據覆如此，嚇我一驚，嚴重至此，實出乎意料之外。癌是老年之病，畹徵當時年僅三十有一，竟罹此不治之疾，豈非天哉！民二十五，農曆四月十九日，畹徵在病魔糾纏下疾終內寢，花好月圓人不壽，豈不哀哉！

（筆者按：畹徵生前嘗為名伶薛覺先編撰劇本，作為其弟南海十三郎之作，付與薛伶排演，極收旺檯之效。上年薛覺先病卒，我曾為文紀其事，登載在本港《天文臺報》第四版。「花好月圓人不壽」原是畹徵所撰劇本之詞句，豈亦語讖耶！）

六、天剋地衝莫非命也

畹徵小姐生於光緒三十二年（一九〇六）農曆正月初二日丑時，未交立春，仍作乙巳年十二月份推算，其造命為乙巳、己丑、庚午、丁丑。命宮在寅，天月二德扶日元，主其人慈祥敏慧，德性純良，天干財官印相生，亦可稱三奇入格。獨惜土太重，有土厚而金遭埋沒之弊。三十一歲丙子流年，在辰運內，再逢濕土埋金，太歲與庚午日元，犯天剋地衝，所以不祿，莫非命也。其八字官星透天，通根於日支之午，官星甚強，女命以官為夫星，中晚年行南方運，夫星得地，是一派旺夫之運。我自念老而不死，且足溫飽，乃是亡妻冥中所佑，乃她旺夫之效也。

本文占了許多篇幅，令我深感慚悚不安，此一節寫完，不免一拭老淚，吾妻死而有靈，知此文發表，亦可以瞑目了。

第二十三章　我與江霞公太史父女（二十二）

我幼年在家塾讀書，杜之杕、古應芬兩位受業師，均曾教我作詩。但他倆本不以詩鳴於時，故生平甚少吟詩，有之，不過應酬之作而已。江畹徵小姐身故，友人勸我寫幾首悼亡詩，用資紀念。古今的悼亡詩，汗牛充棟，美不勝收，而以唐人元微之所作，最能為後世所傳誦，他能包括了一切，可稱悼亡詩的代表作，已載入《唐詩三百首》內，後之作者，難出其右。我被友人督促，有〈誄江夫人絕詩〉四首，錄於下：

無端嫁得黔婁婿，小別離群我獨嗟。
此去稠桑如把晤，不教兒女衣蘆花。
允推德性度汪汪，筆底生花望族長。
紅荔然時相憶苦，千悲萬劫灑蘿岡。
宦情薄似秋蟬翼，在耳遺言直道行。

雙悼鰥魚人亦老，遽令終夜眼長明。
亂離身世一琴多，斷續弦膠喚奈何。
過去繁華如夢幻，也應從此念彌陀。

一、夫入妻墓渺不可期

我的髮妻金氏，原葬廣州市小北門外唐帽岡，在祖塋之側，因墓地不廣，僅可營葬兩棺，倘將晼徵小姐併葬該處，則他日我死，便無法容身於其間，因此我請著名堪輿師新會人鍾季直先生，為我擇定一吉穴，坐落廣州市東郊銀錠岡，面積相當闊，縱橫有十丈之多，我為「生則同衾，死則同穴」起見，出重價購買該地，將髮妻金氏遺櫬起出，遷葬在銀錠岡穴之左方，晼徵小姐遺櫬安葬在右方，獨留中間一席地，以備他日我死後，「夫入妻墓」之用。今者流亡海外，歸田無期，將來能否如願以償，尚在不可知之數也（鍾季直先生現在仍旅居本港）！

我與晼徵小姐結婚僅一年有半，她即身故，中間經過小產一次，故並無所出，我將已安葬在唐帽岡之髮妻遺櫬起出，與晼徵小姐遺櫬合葬在一處，我自己本身亦準備他日長眠此地，那麼晼徵小姐雖無所出，因我兒孫眾多，等於晼徵小姐永遠有後人祭掃墳墓。當時江霞公太史看見我這樣做法，最感滿意，尤其是晼徵小姐的生母江三太布氏，更感欣慰。大抵一般婦女的心事，最喜歡情感真摯之人，以前江三太因我不是大富大貴之人，年紀又比晼徵小姐長十六歲之多，平日對我並不十分滿意，感情很是尋常，反為畹徵小姐死後，她看見我待亡妻如此之厚，江三太從此對我有特別好感，真的如同待兒子一般。

二、一廳一房，鰥夫寡婦

民二十五，歲值丙子之重陽節，霞公太史偕我赴穗市之北郊小飲，口占一詩贈我，詩中有句云：「叢蘭小小館容甥。」這句詩亦藏有一段小掌故在內，相當有趣。自從畹徵小姐身故後，我依然居住在江太史第，居留至民二十六秋間，日寇飛機來粵轟炸時為止，我在江太史第住了一年有多。

上文已敘過，江三太生一子兩女，子名譽題，女即畹徵、畹貽。畹貽早嫁而寡，我則一再斷弦，我和畹貽，一是鰥夫，一是寡婦。而且她是我的小姨，霞公伉儷見次女早寡，謝公偏憐幼女，兩位老人家，有意替我和畹貽小姐撮合，企圖我做他倆的雙料女婿，老人家心目中以為如此乃是各得其所。

畹貽小姐住宿的香閨，有一廳一房，霞公太史伉儷命人在畹貽小姐住房外之廳中，陳設一榻，命我寢於斯，廳與房僅有一窗之隔，有門戶相通，似此「乾柴靠火」，很容易一燃即著。霞公太史伉儷的美意，本來是可感的，世間上小姨之於姊夫，最容易發生曖昧之事，何況一鰥一寡，又是老人有意玉成，旁人皆以為必成事實，可以無疑的了。

誰知大謬不然，語云：「有緣千里能相會，無緣對面不相逢。」此二語的而且確。我宿於廳，畹貽小姐宿於房，鼾聲且相聞，歷一年有多，時間不為短，我始終規規矩矩，絕無軌外行為。昔者楊震有四知，即天知、地知、你知、我知。我自問可與楊震為比，此事可以質諸天地鬼神而無愧。

三、畹貽小姐凜若冰霜

倘問我何以不動心之理由，殊為簡單，理由不外兩個：一則我於悼亡之後，尚有餘痛，亡妻骨肉未寒，不忍又談歡愛。畹貽小姐是平日見慣之人，我視之如胞妹，我不會生出野心。二則畹貽小姐自從寡居之後，口口聲聲，矢志不再嫁，願為其夫吳鏗守節，我知道有許多美少年向她熱烈追求，有些是軍佬，有權有勢者，畹貽小姐均一致謝絕之，似此貞潔不貳之人，我對於她，不特同情，而且十分恭敬，又豈可由我蹂躪她的貞操？真的我於心有所不忍，縱使由我提出求愛，她亦一定不會答允。

基於以上兩項有力之因素，霞公太史伉儷的願望，是徒然的，無法實現。此正所謂「無緣對面不相逢」是矣！

或者會有人不相信我，以為此時安得再有一個「柳下惠」？但我事無不可對人言，我很坦白，畹徵小姐逝世滿一週年之後，時值夏令，有一晚，畹貽小姐在室內，我在廳外，兩人各自登床，因天氣太熱，未能入睡，不免隔窗交談一下，我自己亦莫名其妙，油然忽起綺念，曾用游辭向她挑逗，誰知畹貽小姐雖則是「豔如桃李」，卻真的是「凜若冰霜」，她請我要「君子自重，不宜口不擇言」。她自稱「心如止水，決意終身不再接近男子」，語氣異常堅決。那時我自己知錯，急即臨崖勒馬，改容道歉，謂：「頃間說話，不過是笑話，千萬不可介意。」她乃無言。少頃，各自入睡鄉去了。

霞公太史有四女，除畹徵、畹貽是同母之外，不同母者尚有畹芸、畹英二人。畹芸已婚，生活甚好。畹英是為霞老最幼之女，在醫院為護士，三年前曾來訪我兩三次，後來回穗依其母，不知其近狀如何矣。本文題目是「霞公太史父女」，故並及之。

四、霞公晚年入不敷出

本節為本文最後之一節，要寫霞公晚年之狀況了。民二十以前，他取得英美煙草公司之代理權，光景最好。民二十以後，英美煙草公司已經與之解約，改聘為顧問，按月致送伕馬費五百元，比之從前光景，一落千丈。霞老有金釵十二，每月用度甚繁，他雖有祖遺鋪屋十餘間，有租值可收，唯不敷開支甚巨。民二十六，日機轟炸廣州，華南亦風聲鶴唳，時吳鐵城為廣東省政府主席，霞公往訪鐵城，謂日本人知霞公在廣東地方有潛勢力，常使人來訪，以甘言引誘，運動霞老與之合作，霞老表示不甘做傀儡，擬攜眷赴香港以避之，苦於費無所出，請求以其所藏古錢一套作按，向廣東省銀行息借大洋一萬五千元。吳鐵城立予批准，時顧翊群為廣東省銀行行長，接奉吳鐵城條諭，亦予照借。後來顧翊群對人言及，霞老之古錢，過半是偽造的。此事只有天曉得了。

霞公太史收到按款大洋一萬五千元，即攜全眷避居香港羅便臣道七十九號三樓。民二十七，廣州市亦淪陷於日寇，英美煙草公司按月致送之伕馬費五百元，亦停止了，在香港做寓公經年，因食指浩繁之故，按款大洋一萬五千元，很容易用光的。霞老全眷在港的生活費，此時發生恐慌起來。

五、翁婿之間一段祕密

民二十七年冬末，先叔精衛先生離開重慶，在河內發出豔電，主張與日本媾和，其時因為先君子在澳門疾篤，我們兄弟數人，均在澳侍奉湯藥，未有過問國事。關於精衛先叔之所謂「和平運動」，我絕未與聞。我由民元至民二十八，從來未有追隨過先叔服務，此為一般親友所共知共聞之事。

民二十八春間，精衛先叔之祕書曾仲鳴在河內被刺死；同年秋間，先叔之外甥沈崧，亦在港被刺死。主戰派與主和派，此時更加展開劇烈的鬥爭。我自問是一名「標準廢物」，是怕死之人，我於那時更未有參加所謂「和平運動」，固無從參加，亦不敢參加，蓋先君子方在疾篤期間也。

到了民二十八之秋，霞公太史要想辦法解決其全眷在港的生活費，函約我由澳來港，住宿於羅便臣道他的家中。

霞老於夜深對我曰：「你可返穗市一行，由穗寄港給我一封信，勸我攜同全眷回穗居住，信內可寫幾句你曾經與日本人往還的說話。我收到你的信，我便有妙用。」

我答曰：「要我的信有何用途，丈人峰計將安出？」

霞老曰：「你是汪精衛之胞姪，此後無法不走和平路線，返廣州淪陷區一行，不生問題，我仍走抗戰路線。你聽我的話，寫此信來，我自有辦法。於我有益，於你無損，望你念翁婿之情，照寫此信寄來，便能救我一家的生計」云云。

當日翁婿二人交換意見，說話是很多的，現在不過述出扼要的說話而已。霞公太史之一生，是善於運用機會之傑出人物，他對我有此懇切要求，我是重感情之人，只得答允照辦。霞老大喜，翌日，加製精饌數式，請我食晚飯。

越數日，我乘坐「白銀丸」返穗一行，依照霞公之意，寄給他一封信。霞公立即在本港各大報，發表一封公開信答覆我，大罵我是漢奸，從此要斷絕翁婿關係，最後一行，寫得相當刻薄。此事距今不過二十年，霞老這封公開信稿，諒想本港尚有許多人士記得的。

六、「玉潔冰清慚共負」

原來霞老將我親筆由穗寄給他的箋函，和他在本港各大報登出答覆我的公開信，一併由航空寄呈重慶中樞，表示出他的忠貞。中樞亦有覆函與霞老，嘉獎備至。霞老不會放過這機會，他連續致函中樞，謂在港有斷炊之虞，要求按月發給特別費，以資救濟。中樞亦立予答允，下條諭按月發給霞老特別費大洋八千元，計由民二十八秋間起，至民三十年冬末，太平洋戰爭發生，香港淪陷之前為止，凡兩年有多，霞老全眷在港之生活，胥賴此款。

事後有朋友和我談及此事，朋友批評霞老這樣做法，乃是將女婿出賣。我答曰：「不然！霞老事前曾徵求我的同意，他是出於不得已，他非如此，闔家生活費無著，縱使是將我出賣，也一共只賣得二十餘萬元（由民二十八之秋起，至民三十冬末止，凡二十六七個月，每月八千元，總數當在二十萬元以上）。我此身有價，亦足以自豪，我絕不以此怪霞老。」

不過，重慶之中樞，不乏明智之士，當時竟給霞老瞞過，霞老誠一人傑，正所謂「過得海便是神仙」了（此句是霞老所撰聯語）。

香港淪陷於日寇，磯谷廉介為香港總督，贈霞老以米，聘為中日文化協會委員，於是，霞公亦不能不落水為「後漢」了。霞老之逝世，是自己絕食而死，我寄以輓聯如下：

舊事漫重提，玉潔冰清慚共負；

故山無可戀，詩魂酒魄欲安歸！

聯文並不佳，上聯說他亦不能玉潔冰清，翁婿相同。下聯悲其賣無可賣，終歸走入絕路，亦可哀矣！

第二十四章　江霞公太史軼事補遺

筆者按：我在《春秋》雜誌寫〈我與江霞公太史父女〉一文、凡二十二節，都六萬餘言，歷時十一個月乃畢其詞。因我已近古稀之年，精神已不如前，撰此文時，不克一口氣寫下去，只是信手拈來，逐期寫出，交由本刊發表，因此之故，敘事不無零亂之處，掛一漏萬，更所不免。茲將追憶所及，再寫〈補遺〉一篇，或可備讀者茶餘酒後談佐云爾。

一、考進士時一段故事

根據金滋軒老人所述：光緒甲辰年霞公考進士時的會試卷，確是由順德羅癭公做槍手的。此事係出於偶然。羅癭公是有名的才子，文名籍甚，是科他替別人做槍，在試場中遇見霞公，彼此既是粵籍同鄉，自然會攀談一下。羅癭公僅係中過副榜，未中舉人，他未有應會試的資格的。

霞公自少是頑皮之人，戲謂癭公曰：「你入場做槍，是犯法的，我要檢舉你。」

羅癭公曰：「你檢舉我，於你有什麼好處？徒然損人而不利己，智者所不為。」

霞公曰：「我知道你的文章好，我自問不如你，檢舉了你，我少了一個有力的敵人，這便是我的好處。」霞公除了恐嚇作用之外，兼用高帽政策。

瓔公默然不答，霞公繼曰：「我一定檢舉，絕不罷休！」

霞公故作驚人之筆，咄咄迫人，講話的聲音，愈來愈響亮。瓔公知道霞公的脾氣，遇著有機會來臨，總要撈些便宜，絕不肯輕易放過。

瓔公乃曰：「彼此老友，凡事容易商量，你既然賞識我的文章，我無條件替你做槍吧！但我這次入場，是替人做槍而來，勢難寫作兩本卷之多，我所負責之槍，請由你隨意替他寫作，我則用全副精神做你的槍手便是。」

霞公大喜，遂定議。後來放榜，兩本卷均中進士，霞公名次在二甲，瓔公經手所接之槍，亦名列三甲。霞公之卷（瓔公代作者）是閱卷總裁張百熙所取中；其他一本（即霞公所作者）是閱卷總裁瞿鴻禨取中（張、瞿均湖南人）。因瓔公仍然響砲，有利可獲，霞公可以不必另外酬勞瓔公，兩人均是「過得海便是神仙」。

金滋軒老人，今年已八十一歲，證明此是千真萬確之事，此亦晚清科場舞弊百態中之一端也。

二、土鯪魚妙喻的來源

霞公太史之詩，天才橫溢，有名於時。龍陽才子易順鼎（易君左之尊人）亦推許之。可惜其大作未有梓行。民三十二，我僑居上海，曾函託江叔穎三兄將霞老生平所為詩稿寄至上海，我可負責為之排印，以廣流傳。唯霞公當時恐怕郵寄遺失，因循未寄。現遭世變，家道中落，詩稿成束，不知尚獲保全否？倘遺失了，殊為可惜。

霞公身體壯碩，有過人精力，家中除了金釵十二之外，女傭之肖麗者，嘗亦有所染指。吾粵女傭之綽號曰「土鯪魚」，便是由霞公所創之嘉名，謂其價廉而味美也。霞公並有句云：「太太鯉魚姨太鰱，思量不及土鯪鮮。」這佳句傳誦至今不衰。蓋謂太太徒然外貌大觀，擺出來，是大賣，似模似樣，但大而無當。按舊時家規：太太在廳中坐著，姨太是無座位的，只可企立。但姨太總比之太太為得寵，站著時雖是細小，睡在床上時便大晒了，故以「鯉魚」比太太，以「鰱魚」比姨太。鯉魚游水時身材細，盛在碟下則身大矣。

以「土鯪魚」比女傭，尤為巧妙，一是女傭為近水樓臺，不假外求，只要自己有心，對方有意，以很廉之代價，便可達到真個銷魂之目的。霞公稱讚女傭價廉而味美，故以「土鯪魚」比之，至今仍膾炙人口。

二是女傭間中是會有丈夫者，倘與有染，很容易發生麻煩問題，是又如「土鯪魚」有骨多的毛病，骨梗在喉，便足為患，此亦霞公之妙喻也。

三、蔣委員長慨贈萬金

民二十五，胡漢民逝世，廣東歸政中央。蔣先生來粵巡視，與霞公闊別十年，復相把晤，前文已經敘過。唯有一事，前文漏未敘入：其時霞公的經濟狀況，已經開始不好，他在蔣先生面前訴苦，蔣慨然答允贈以港幣一萬元，而以戒除吸食鴉片煙為勸。遲數日，蔣先生派陳辭修將軍回候霞公時，即將這萬金面交霞公。霞公是年已經七十二歲，其家人因其年事已高，環勸不可戒煙，霞公曰：「我已經答允了蔣委員長，又接受了他的贈金，萬不能失信於老友，今日非戒煙不可」云云。此雖小事，足見蔣先生對霞公交誼之厚，宜補述之。

翌年（民二十六），農曆四月初八日是佛誕，又名「浴佛節」，霞公夙與六榕寺鐵禪和尚友善，是日晨起即赴六榕寺禮佛，與鐵禪暢談良久。及辭出，在六榕寺門外下階時，偶爾不慎，竟跌一交，老人之骨頭是脆的，竟將右腿骨跌斷了。本來即刻入西醫院，用X光照著，可望將骨駁回的，但霞公頭腦守舊，不信西醫，他認為跌打以中醫為好，當日用帆布床抬回太史第，延請佛山跌打名醫李廣海診治，結果傷勢雖癒，右腿卻永遠是跛的了！

四、太史裔苗多能自立

霞公的長子早逝。次子仲雅，曾任廣東省議會議員，少年時鋒頭頗勁，今年已經七十四歲，僑居本港九龍青山道，有兒女供養，晚景堪娛。第三子叔穎，原名汝聰，最知名於時，曾任眾議院議員。叔穎美丰姿，翩翩濁世佳公子，生平不知顛倒了若干嬌娃，享盡人間豔福。有兒女十八人之多，皆能自立。本港電影明星梅綺，是其第八女。叔穎有兩子在臺北：一為國軍的團長，一為高級參謀。三年前迎養叔穎至臺灣寶島，他今年已七十二歲，血壓高而不能戒酒，去年竟患中風，半身不遂，今不知有無起色否？第四子季槐、第五子超直，均留滯大陸，在鄉間分配得一份田地，自耕而食，不會十分好過。第六、七、八子均幼殤。第九子譽題，曾留學美國，學無所成，似患有腦病，現亦在大陸，困居太史第中。第十子亦幼殤。第十一、十二均是女兒（即畹徵、畹貽姊妹）。第十三子名譽鏐，又名楓，即南海十三郎，流浪無依，一度成為香港的新聞人物，言之慨然！霞公尚有最幼之子一人，未弱冠時被日機轟炸而失蹤，無可查訪。

譽題九兄娶妻吳氏，最稱賢良，貌美而慧，中英文均其所長；她所寫之字，師法霞公太史，竟可亂真。霞公晚年，有人來求墨寶者，輒囑吳氏九嫂代筆，外人不能分辨。吳氏生一子一女，子名繩祖，留學美國，已畢業，並在美國有職業，頗有成就，能迎養其母赴美。就目前而論，霞公太史之後人，當推繩祖為首屈一指者矣。女名獻珠，現在香港崇基書院任職。去年我於無意中與獻珠同乘輪船赴澳門，隔別多年，我已經不認識她，而她尚能高呼我一聲曰：「十一姑丈。」我看見她秀外慧中，比幼時更加美麗，據稱已婚林氏子云。

叔穎三兄之第八女梅綺，做了電影明星，自然另外有一種生活方式。當叔穎未赴臺北之前，在港之生活費，全賴梅綺每月供給港幣三百元，數年之久，未嘗間斷，只此一節論，梅綺足稱孝女，可算難能可貴！

五、霞公命造為刑合格

霞公生於前清同治四年（一八六五）農曆九月二十一日寅時。其八字為乙丑、丁亥、癸未、甲寅，名為刑合格。地支亥子丑是會北方水，見「亥丑」二字，而缺「子」字，即是暗藏「子」字。亥卯未是會木局，見「亥未」二字，而缺「卯」字，即是暗藏「卯」字，是謂發現「不見之形」。子為本命之祿元，卯為本命之文昌貴人，暗藏祿貴文昌，自應為「金馬玉堂」人客。財命有氣，一生富貴，癸水旺於冬，用火為財，中年行巳午未三十年火運，自應財源滾滾而來。

六十一歲以後，氣轉東方，八字內木多，再行東方木運，嫌其洩氣，從此運程轉趨下坡。八十六歲交入寅運，再遇庚寅流年（一九五〇），寅運寅年，書云：「歲運併臨，災殃立至。」癸水重疊見寅，洩氣殆盡！遭遇奇劫，固無所逃於天地之間者矣！是年中共的鄉政府派人到廣州逮捕霞公時，霞公是跛了右腿的，勉強被押上廣三鐵路火車，到了佛山附近的朗邊站，霞公已不能行，鄉政府人員乃強令霞公坐在竹籮內，命兩人肩抬到鄉政府，擬向他疲勞審問，以便清算。霞公自知不能免，瞑目不作答，或答非所問，佯作神經狀態，謝絕飲食，乃是百分之百的絕食而死。此時他家中已無隔宿之糧，僅用四件漏水板，將其遺體草草葬在鄉間。如此結局，可謂慘矣！

回憶民二十三，我與江畹徵小姐結婚時，適有一位姓賀的湖南人到粵（已忘其名），他是負有時譽之風鑑家，霞公請其到太史第，為闔家人看相，賀君稱讚畹徵相貌最有福氣。乃不兩年而畹徵病故，我當年認為賀君之說太過離譜。及今思之，畹徵身故時，是承平之世，所用棺木，價八百元，家奠之日，親友來弔祭者適三百人，出殯日亦如之。本來如此不足道，唯粵諺有云：「死在夫前一枝花，千金難買靈前祭。」與乃父比，女兒的福氣好得太多了！賀君之言仍是驗的啊！

附錄一 錢新之赴臺前的一件糊塗事

汪希文

筆者按：錢新之先生已於兩個月之前，在臺北壽終正寢了，似乎係與歐陽駒將軍先後逝世的。我屢次提起筆來，欲寫一篇悼念錢氏的文章，只因今歲天氣特別炎熱，拿起一枝禿筆，已經汗流浹背，以此因循未寫，茲值秋涼，追念昔日和他有三十年長久交誼，人是有感情之動物，往事不能去於懷，今日不得不寫此文。

一、執上海金融界之牛耳

新之先生字永銘，浙江省湖州人。民初，在政界隸交通系，早歲即為號稱「財神」之梁士詒所賞識，在交通銀行由中級職員而總經理，而董事長，步步高升，十餘年間，居然執上海金融界之牛耳，與張公權同被稱為一時瑜亮，其權力不只在一間交通銀行，且能控制著四間銀行。

民十五，蔣先生統率國民革命軍北伐，飲馬長江，進展至京、滬，除了軍事之外，餉糈是戰爭的命脈。新之先生雖然不是國民黨員，但他厭惡軍閥之專横，同情革命，他與蔣先生是舊交，由他在上海銀行界斡旋，替革命軍墊支過巨量的軍費，厥功至偉。

民十六年四月十八日，南京宣布脫離武漢國府的羈絆，另行組織南京國府。其時財政部長宋子文尚留在武漢，京、滬清黨大計，是由蔣、胡兩公合作的。胡展堂先生為南京國府常務委員，提出任用古應芬為財政部長，蔣先生提出以新之先生為次長，古氏未到任之前，以次長代理部務。是年五月古先生雖然到京接事，但他不過是掛名的部長，何況他是粵人，根本上不諳江浙的財經狀況，上海金融界的權威者，與古氏更無絲毫的淵源，所以古先生打算接事後仍回粵，新之先生方是實際上的部長。

二、是實際上的財政部長

我和新之先生本來不相識的，古先生看見我是由武漢來南京，欲留我在財政部任事。古先生對錢次長客氣得很，他身為部長，不肯下條子任用職員，特將我的姓名介紹給新之先生，由次長下條諭，派委我為公債司第二科長。以前我在廣州財政部曾任庫藏司科長，在武漢財政部又任過賦稅司科長，於財務行政，總算有了多少經驗，而且是「紹興師爺」的世家，慣於「等因奉此」的工作，故在錢代部長領導之下服務，合作得很好，彼此絕無隔閡；可惜時間不甚久長。民十六秋間，新之先生便因寧、漢合作而隨同蔣先生下野，他做我的長官，雖然不過是短短的幾個月，但他能歷久而不忘情，卸事後，仍在上海和我常有相見。

我入了南京財政部之後，若干年一直未離開崗位，宋子文氏復任財政部長，調我為祕書。民二十一，先叔精衛先生出任行政部長，某日，新之先生到南京，宋子文氏宴之於北極閣私邸，邀精衛先叔作陪，是為新之先生與先叔訂交之始。新之初見精衛先叔，便曰：「令姪希文是我老同事，我應該尊稱我公為丈人行呢！」彼此相與握手一笑。越兩日，精衛先叔亦柬約新之先生宴會，席設南京鐵道部一號官舍。是日，先叔命我親去迎接新之先生赴宴。此次汪、宋兩公對新之先生之酬酢，目的是欲邀新之先生出任財政部政務次長；新之不願再為馮婦，推薦張壽鏞以自代。

三、與周恩來的一段淵源

對日抗戰時期，汪政權在南京成立，新之先生曾經一度願做蔣、汪兩氏的橋樑，促成寧、渝合作，實現中日全面和平。新之先生對於此事，頗感興趣，曾經努力斡旋，代雙方互通消息，終為環境條件所不許可，雖未獲致成功，其熱心國事之勳勞，未可泯沒也（周佛海所著日記，亦有敘及此事）。

對日抗戰之末期，香港亦淪陷，新之先生遂由港到重慶，此時仍算是國共合作，周恩來且常駐重慶，負連絡與偵查之責任，新之先生是八面玲瓏之人，又是著名財閥，當然會為周恩來所注目，兩人既然同在陪都，自然會有機會晤面的了。

大陸變色後，新之先生避居香港銅鑼灣之新寧道某號二樓，仍負有交通銀行董事長的名義。及乎英國正式承認中共政權，中共即派員到香港，接收中華民國政府所轄之中央、中國、交通、農民各銀行。中共人員持著周恩來致新之先生的親筆信，請託予以順利接收，此事在政治權力統治之下，自然是無法拒絕。新之先生只得順水推船，將交通銀行移交中共接收，並函覆周恩來了事。

四、對「酒色」兩字結不解緣

新之先生雖能傳「財神」梁士詒之衣缽，號稱大財閥，唯經過八年抗戰，香港和上港租界相繼淪陷，其損失已屬不貲；不久，繼以大陸變色，逃避來港，其經濟狀況，更加大不如前；偶然經營一些商業，亦每每失敗，其晚年的運程，是走向下坡，由絢爛而歸於平淡了。

新之先生無其他嗜好，獨「酒色」兩字無法戒除，至老依然終日一杯在手，色事大約因壯年時代伐之太過，因此竟無子嗣，且有相當嚴重的性病，雙腳不良於行。五年前他旅居本港時，我屢次提議，邀他到酒家一敘，他均以不能步履力辭，反為在其家中精治菜肴數式，約我赴讌，同座者記得有林康侯、趙叔雍、江叔穎，尚有數人，已忘記了。我一時高興，飲了威士忌酒兩水杯，酒後放言高論，大罵共產黨，嚇得新之先生當堂變色，急用眉目向我示意。原來他是有恐共病的，我此時知錯已遲，但並無左傾人士在座，何況，在本港本來可有言論自由的。

五、離港赴臺擺了大烏龍

新之先生待朋友之厚，在我找不出第二位。大陸變色後，他僑居本港時，經濟情形既已大差，但他能如鮑叔牙之知我之貧，每於農曆歲暮，必以資金濟我，最多一次是港幣五百元，最少亦有二百或三百元，經過四個年頭，都是如此。他去了臺北之第一年，歲暮仍寄我港幣二百金，是函囑金城銀行送來者，如此敦厚賢良之長官，在我僅見有錢新老一人！

臺灣似乎尚有交通銀行的分行，新之先生董事長之身分，仍然存在，五年之前，他以香港生活程度高，有如長安居之不易，申請臺北國府發給入境證，那時凡是要人申請入境者，要經過最高當局之批准方可，將先生和他是老友，自然順利發了出來。

新之先生離港前，寫了兩封信：一封致陳辭修先生，一封致周恩來。函內並無什麼緊要說話，不過是報告離港日期而已，本來是很平凡的事，不幸得很，竟變成「不平凡」之事出來，大約因他老眼昏花，將致周恩來之信，套入致陳辭修先生之信封內，而將致陳氏之信，套入致周恩來之信封內，未加覆閱，封口便投寄了。

六、酉丑會桃花宜乎不祿

在臺北的陳辭修先生，平日對蔣先生最忠實，不肯有一絲苟且的，拆開那封信，看見如此情形，不敢不將原函呈閱。蔣先生因此頗為震怒，深表不滿，但入境證早經發出，新之先生亦平安抵達臺北；因幹出這一件「擺烏龍」之事，數年以來，屢次請求謁見，均遭婉拒，新老遂在臺北鬱鬱而終。昔日鄭板橋之妙論曰：「難得糊塗。」新之先生一世聰明，不免及老而糊塗，良可悼也！

新之先生生於前清光緒十一年七月二十日午時，其八字為乙酉、甲申、丙辰、甲午。酉年申月，財氣自旺，丙火稍微失時，得午刃支撐為美。又有甲乙木生扶，頓成身財兩強之象，何況左右志同，上下情協，自應為金融界領袖人物。生平行六十年東南方運，幫身任財，左右逢源，壞在酉宮是倒插桃花，命中注定，傷身於婦女手上。六十九歲氣轉北方，已非所喜。丁運五年屬火水之鄉，是其忌神，酉丑會桃花，尤忌。何況坐下逢沖，宜乎不祿，當是因性病而死也。

附錄二　薛覺先與南海十三郎

汪希文

一代藝人，有伶王之稱的薛覺先，已於一九五六年十月底在穗逝世。他的成名，固由於他本來賦有的天才；其次則他得有許多良好的劇本，配合他的演出，亦是一件主要的因素。

三十多年前，薛氏主演的名劇，有許多是筆者之繼室江畹徵氏編製的。畹徵是江霞公（孔殷）太史之長女，家學淵源，受業於名孝廉馮侗若之門，學寫花卉於老畫家李鳳公。她能詩、能文、能畫。年二十九，始嫁筆者為繼室，其才華遠在筆者之上。記得她允許筆者求婚時，口占一詩為答云：「無限柔情無盡才，逸人風韻久名開。汪郎縱獲盈車果，不是知音也不來。」其風趣如此。她自少喜觀薛伶演劇，廣州海珠戲院的大堂，第二行正中間兩個座位，是長久給她定下的。她因著薛伶個性之所長，編成許多適合其身分的劇本，情節詞曲，並皆佳妙。她的頭腦相當舊，因自己是閨秀之身，不願與伶人往還，更不願由自己出名，乃將劇本作為其胞弟江楓所編（又名江譽鏐，即南海十三郎），付與薛覺先排演。果然一經演出，大收旺台（賣座）之效。她的芳心竊竊自喜，觀劇歸來，往往喜而不寐，其愉快之狀，亦殊可掬。她為薛伶編劇，絕不需要報酬，即有，亦尤其弟得之，薛覺先本人，完全不知道是她的作品，而歸功於南海十三郎，由是要求南海十三郎繼續為之編劇。南海十三郎亦殊聰穎，當初不過替乃姊清稿，任抄寫之勞，做一名助手；但久而久之，他亦能自出心裁，學習編製，居然亦頗可觀。民二十五年，畹徵病逝後，南海十三郎所編之劇本，完全是他自己創作，一樣可以旺台。

三十多年之前，港粵的劇壇，是薛覺先與馬師曾爭霸，當時一個半斤，一個八兩，各有各的嫁妝戲，兩人皆擁有相當的觀眾，一時瑜亮，旗鼓相當。惟馬師曾早年讀書較多，能自己編劇；薛覺先則無此能力，全仗南海十三郎為之幫忙。薛覺先之所以能久享盛譽於舞台，得力於南海十三郎不少，這是鐵一般的事實，粵劇界人人皆知，亦為港粵一般人士所知。編劇大家南海十三郎之名，至今尚為粵劇界所稱道；至於其為胞姐江畹徵所啟導，則未為一般人士所知也。

最可惜者，南海十三郎後來患了相當嚴重的精神病，變成廢人，終日流浪街頭，囚首垢面，類於叫化子，薛覺先聞而憐憫之，招呼其在大坑利群道寓所，以車房給他住宿，布置有桌椅床舖；衣服鞋襪，亦煥然一新。每餐命僕婦送飯菜至車房，當作「老大爺」供養，一茶一煙之奉，尤其餘事。經過了一個時期，相當舒服，身體亦漸康復。

薛覺先不忘本，能以友誼為重，這是薛覺先之厚道處。大抵男子漢的胸襟比較寬闊，女子的胸襟，多數較狹窄，薛妻唐雪卿，看見如此長久負累，不免吝嗇，漸漸對南海十三郎不滿，加以白眼，女傭看女主人的顏色，自然更加無禮，南海十三郎雖然有精神病，仍有三分清醒的，乃不辭而行，依然流浪街頭，形容憔悴。

筆者隻身作客，靠煮字療飢，亦無法收容之。某年偶於茶室品茗，遇見南海十三郎到輒邀其入座，殷勤勸食，他能食糯米雞一包，鯇魚飯一碗，大飽一件。初以為他一定食飽了，俄而叉燒包遞到，問他要否，他尚可食兩件叉燒包，旁觀者為之咋舌。大約他的神經走了樣，已不能分辨飽餓了。多食是無所謂，最可怕者，他食完之後，要大發議論，因久未漱口之故，牙齒上堆滿黃色牙慧，講話時，口沫橫飛，與筆者同來的朋友，急急避席，如此則殊難為情。嗣後遇見他，不敢呼之入座，只靜中量力資助之，他亦欣然接受而去。如十三郎者，真可謂畸零人矣！

談到薛覺先當年返穗靠攏，本來不是他的起意，乃為其妻唐雪卿所累。雪卿頭腦簡單，夢想靠攏真有好景，暗中遣人先送其子返穗；薛伶僅此一子，入了鐵幕，豈能輕易再申請出來？此乃雪卿壓迫其丈夫不能不返穗的手段。豈意夫妻一齊返穗之後，待遇一天不如一天，雪卿大悔，一再聲稱來錯了，然而悔之已晚。

雪卿不久在穗染病，糊里糊塗的一命嗚呼了，薛覺先眼見愛妻之死，心裡雖萬分難過，但啞巴吃黃蓮，出聲不得，終亦抑鬱而終。一代藝人，從此完結。

附錄三　記黨國元老古湘芹門下之「三文」

——劉紀文－汪希文－陸匡文

香宇

筆者與汪希文兄，是中學時代同學，且是兩代世交，壯年又同事，現屆晚年，又同時羈旅香港，相交逾五十年，堪稱相知有素矣。

希文為國民黨元老古應芬之高足（古公別字湘芹，老同志咸稱之曰「湘翁」）；劉紀文是湘翁的門婿，兩人均與湘翁有密切關係。汪、劉兩人，同年同月同日生，而不同時。民國十六夏，京、滬、粵清黨之後，湘翁在南京國府任財政部長，約同希文到京，在財部任事。湘翁另一親信隨員則為陸匡文。劉、汪、陸三人，皆以「文」為名，同屬於古系人物，三人且皆美丰姿。三十年前，老同志李曉生先生，嘗讚古氏門下之「三文」是國民黨晚一輩之美少年，成為當年之佳話。

劉紀文當時得中樞大力提拔，擢充南京特別市長，儼然成為要角。民十六之夏，正是寧、漢分裂之際，希文之叔汪精衛尚留居武漢，初尚容共，且計畫東征南京。希文因此之故，不敢出頭，始終在財部安份為事務官，日間上班，晚間返古公館住宿，絕不見客。此自是明哲保身之道，於此亦足徵其原與乃叔隔閡之甚。

湘翁當年攜眷卜居南京，曾聘請楊玉廉女士為家庭教師。楊女士美而豔，學問亦好（廣州嶺南大學文科畢業生）。劉紀文之聘妻古小姐既已早逝，劉乃向楊追求，殷勤備至。不意楊女士卻屬意希文，而拒劉於千里之外。希文是一位拘謹自守的人，以家中已有糟糠之妻，絕無重婚之念，與楊女士過從則有之，愛情絕談不到，而紀文不知也。紀文因楊之流水無情，竟視希文為情敵，日夕之間，時相齟齬，希文當時頗有「有冤無路訴」之感！翌年（民十七之春），紀文另與許淑珍女士結婚，而希文適喪其偶，是為汪、楊結合之最好機會，不圖楊女士於匆促北行後，竟以香消玉殞於燕京聞，天妒多情，可為扼腕者矣！

希文悼亡後六年，已屆四十五歲，始續娶江霞公太史之長女公子為繼室，不幸結褵僅一年有半，再見鼓盆之痛，詳情已見希文自撰〈我與江霞公太史父女〉一篇文章。

劉紀文與汪希文雖同出古氏之門，且同年月日誕生，但一生遭際，各有不同。紀文既任南京特別市長，一躍而躋身特任官階，及後又出任廣州市長凡六年，可稱既富且貴。而希文在抗戰前，不過曾任番禺縣長，後來任財政部簡任祕書；汪政權時代，為行政院參事，外放浙江省政府委員，兼糧食局長，又調社會局長，再調浙江省第四區行政督察專員兼區保安司令，論官階不過簡任一級，似乎不及紀文。抗戰勝利後，紀文僑居日本，前年以癌疾赴美國留醫，去春不治逝世。希文不特官運不及紀文，說到經濟方面，紀文有病，財力足以遠赴新大陸就治，其宦囊之充裕，可以想見。希文流亡於海隅，有事由港赴澳門，或由澳來港，區區旅費，有時亦成問題。劉、汪兩人官階所差，固有距離，而經濟力量，則差得尤遠。唯有一點，希文可居上風者，紀文享年六十有八，希文則至今健康如常，精神飽滿，猶可在香港賣文、賣卜為活。今已接近古稀之年，鬚髮未白，望之尚如五十許人。觀此可知盈虛消長之天理，盈於此者，必拙於彼也。

至於三「文」中之陸匡文，為粵之高州人，與陸嗣曾、陸幼剛三人，曾有「陸家三傑」之稱，三陸皆久隨古湘翁及陳融任要職。陸嗣曾一度出任廣東高等法院院長，匡文曾任廣東省政府教育局局長。三陸在國民黨內，同隸於胡漢民派，屬於胡系次級人物。

三「文」之中，陸匡文年齡較長，比之紀文希文約長三四歲，今年當已超過古稀。現居臺灣寶島，任立法院立法委員。紀文雖然富貴稱最，但已逝矣！希文最貧，但他老而彌健，刻正埋首著作，立言也是三不朽之一。匡文則到老仍未脫離政治舞臺，可稱不倒翁也。

Do歷史25 PC0429

我與江霞公太史父女
──汪希文回憶錄

原　　著／汪希文
主　　編／蔡登山
責任編輯／陳佳怡
圖文排版／楊家齊
封面設計／蔡瑋筠

出版策劃／獨立作家
發 行 人／宋政坤
法律顧問／毛國樑　律師
製作發行／秀威資訊科技股份有限公司
地址：114 台北市內湖區瑞光路76巷65號1樓
電話：+886-2-2796-3638　傳真：+886-2-2796-1377
服務信箱：service@showwe.com.tw
展售門市／國家書店【松江門市】
地址：104 台北市中山區松江路209號1樓
電話：+886-2-2518-0207　傳真：+886-2-2518-0778
網路訂購／秀威網路書店：https://store.showwe.tw
國家網路書店：https://www.govbooks.com.tw

出版日期／2014年10月　BOD一版　**定價**／250元

|獨立|作家|
Independent Author
寫自己的故事，唱自己的歌

我與江霞公太史父女：汪希文回憶錄 / 汪希文著；蔡登山編. -- 一版. -- 臺北市：獨立作家，2014.10
面；　公分. -- (Do歷史；PC0429)
BOD版
ISBN 978-986-5729-37-0 (平裝)

1. 汪希文 2. 回憶錄

782.886　　103018567

國家圖書館出版品預行編目

讀者回函卡

感謝您購買本書，為提升服務品質，請填妥以下資料，將讀者回函卡直接寄回或傳真本公司，收到您的寶貴意見後，我們會收藏記錄及檢討，謝謝！

如您需要了解本公司最新出版書目、購書優惠或企劃活動，歡迎您上網查詢或下載相關資料：http:// www.showwe.com.tw

您購買的書名：____________________

出生日期：________年________月________日

學歷：□高中（含）以下　□大專　□研究所（含）以上

職業：□製造業　□金融業　□資訊業　□軍警　□傳播業　□自由業

□服務業　□公務員　□教職　□學生　□家管　□其它_____

購書地點：□網路書店　□實體書店　□書展　□郵購　□贈閱　□其他

您從何得知本書的消息？

□網路書店　□實體書店　□網路搜尋　□電子報　□書訊　□雜誌

□傳播媒體　□親友推薦　□網站推薦　□部落格　□其他__________

您對本書的評價：（請填代號　1.非常滿意　2.滿意　3.尚可　4.再改進）

封面設計____　版面編排____　內容____　文／譯筆____　價格____

讀完書後您覺得：

□很有收穫　□有收穫　□收穫不多　□沒收穫

對我們的建議：____________________

____

____

____

請貼
郵票

11466
台北市內湖區瑞光路 76 巷 65 號 1 樓
獨立作家讀者服務部 收

（請沿線對折寄回，謝謝！）

姓　　名：____________　年齡：______　性別：□女　□男

郵遞區號：□□□□□

地　　址：________________________

聯絡電話：(日)____________　(夜)____________

E-mail：________________________